中公新書 2600

金　誠著

孫基禎

——帝国日本の朝鮮人メダリスト

中央公論新社刊

まえがき

「あなたにとってスポーツの英雄《ヒーロー》は誰ですか」と尋ねられたとき、どのようなスポーツ選手が思い浮かぶだろうか。オリンピックの金メダリスト、アメリカのメジャーリーグで活躍する選手、サッカーのワールドカップで素晴らしいパフォーマンスを見せる選手など、世代や個人の嗜好《しこう》により、さまざまな選手を思い起こすのではないだろうか。

では、「多くの人たちが支持するスポーツの英雄は誰ですか」となると、どうだろうか。

スポーツの本質のひとつは競争である。優劣が決定され、勝者はその身体能力と努力が讃えられる。だがそれだけではないだろう。多くの人たちが支持するスポーツの英雄は、時空間、つまりある時代、ある地域での賞賛があって、初めて生まれる。本書は、二〇世紀の日本と不可分の関係にあった朝鮮半島出身のスポーツの英雄に着目する。

韓国にはソウルと大田《テジョン》に顕忠院というな国立墓地がある。当初は朝鮮戦争（一九五〇〜五三年）で犠牲となった兵士らを弔《とむら》い、その英霊を慰撫《いぶ》する国軍墓地として設置された。一九六五年三月の大統領令により、国軍墓地から国立墓地へと昇格すると、戦死者だけでなく、国家に殉じた者の墓所として、その役割を拡大する。大田の国立墓地には偉大なアスリートが眠っている。孫基禎《ソン・ギジョン》（一九一二〜二〇〇二）である。

日本が朝鮮半島を植民地としていたのは一九一〇〜四五年までだった。その植民地期に生まれた孫基禎は、朝鮮半島出身の日本選手としてヒトラー政権下のドイツで開催されたベルリン五輪（一九三六年）に出場。マラソンで金メダルを獲得し、一躍時代の寵児となった人物である。アムステルダム五輪（一九二八年）で初の日本人金メダリストとなった織田幹雄《おだみきお》から数えて一一人目の金メダリストであった。

オリンピックでのマラソン制覇は、金栗四三《かなくりしそう》がストックホルム五輪（一九一二年）に出場して以来の日本の悲願であり、それは奇しくもその年に生を受けた孫基禎によって成し遂げられた。また、このとき三位に入った選手も同じく朝鮮半島出身の南昇龍《ナム・スンニョン》であり、ベルリンの表彰台には二人の朝鮮人選手が立っている。

孫基禎の勝利は、一九一〇年以降、日本に植民地化された地に暮らす朝鮮民族の屈辱の日々に一筋の光を与えた。朝鮮の知識人たちは、彼の勝利をそのまま朝鮮民族の栄光として読み替えていく。

他方で、孫基禎、南昇龍は、日本人コーチに見出された日本代表選手であった。彼らは、日の丸を付けたユニフォームで四二・一九五キロを走り抜けたが、そこに支配―被支配の関係を読み解いた人はほとんどいなかっただろう。ベルリン五輪での競技ののち、日本と朝鮮の知識人らは、支配―被支配の対立のなかで、孫基禎という英雄を奪い合うことになる。

その対立の一つの結果が「日章旗抹消事件」である。朝鮮の民族系新聞社であった東亜日報社が、表彰台に立つ孫基禎のユニフォームにあった日の丸を消した写真を八月二五日付の夕刊に掲載したのである。この行為を重く見た朝鮮総督府は、東亜日報社に無期限の停刊を命じた。

孫基禎（1912～2002年）

孫基禎の英雄としての人生は、帝国日本支配下の朝鮮民族の金メダリストであったことと、日章旗抹消事件が、常に行き交いながら、光と影を落としていく。明治大学に進学した孫基禎は、日中戦争から太平洋戦争へと戦火が激しくなる朝鮮へ帰還し、やがて対日協力を余儀なくされ、戦後は韓国スポーツ界を代表する人物となる。

ベルリン五輪から半世紀を経た一九八八年、

ソウル五輪が開催された。孫基禎は開会式で聖火ランナーをつとめたが、七五歳となった彼の胸に去来したものは何であっただろうか。

いま孫基禎は大田の国立墓地に眠っている。金メダリストであるとは言っても、なぜ孫基禎は国家に殉じた者たちとともに国立墓地に眠っているのか。

本書は、孫基禎のライフヒストリーを通じて帝国日本におけるスポーツの英雄の意味を問い、その地点から日本と朝鮮半島の複雑に絡み合った近現代史の関係を描いていく。

目次

まえがき　i

序章　帝国日本・朝鮮民族の「英雄」……3

第1章　マラソンでの躍進――1912～32年……17
1　鴨緑江の傍らで――スケートシューズへの憧れ　18
2　名門・養正高普へ――「半島の五輪」での活躍　28

第2章　ベルリン五輪の栄光――1932～36年……45
1　内鮮融和とスポーツ――ロス五輪の朝鮮人選手　46
2　日本代表選手への選出――ライバルと民族の優秀性　56
3　金メダルの獲得――五輪記録での勝利　71

第3章　日章旗抹消事件の衝撃——1936年8月……85
1　異なる熱狂——日本と朝鮮、称賛の相違　86
2　消された「日の丸」——朝鮮知識人たちの抵抗　98
3　警戒対象の人物へ——「招かれざる者」に　110
第4章　帝国日本による翻弄——1936～45年……119
1　日本への留学——〝マラソン放棄〟の条件　120
2　朝鮮半島への帰還——銀行への就職、『民族の祭典』　134
3　戦争激化と対日協力——学徒志願兵の勧誘　142

第5章　解放後の世界で——過去の栄光と呪縛……155
1　一九四七年、ボストンマラソン出場　156
2　南北分断時代へ——朝鮮戦争から国籍回復事件まで　172
3　ソウル五輪の誘致と聖火——スポーツ界の宿命　183
終　章　民族を背負った「英雄」とは……191
あとがき　201
主要参考文献　204
孫基禎 略年譜　209

朝鮮半島の地図（1945年８月）

孫基禎

——帝国日本の朝鮮人メダリスト

凡例

・引用文中の旧漢字は新漢字に、旧かなは新かなに、カタカナはひらがなに改めた。またルビを適宜振った。
・引用文中の欠落、判読不能の文字については、筆者が補った箇所がある。
・引用文の原文が韓国語・英語の日本語訳は、特に註記がないかぎり筆者による。
・引用文中には、現在では不適切な表現があるが、歴史用語としてそのまま引用した。ご理解頂きたい。
・〔 〕は筆者による補足である。
・敬称は略した。

序章

帝国日本・朝鮮民族の「英雄」

ヒトラーの賛辞

初めて対面するヒットラーは、実に威風堂々としていた。目深くかぶった軍帽、その下にランランと光る眼、人並はずれて大きくとがった鼻、短くはやした口ヒゲ、すべてが鋭さを増す小道具として十分な役割を果たしていた。

その彼が力強く私の手を握りしめ、

「マラソン優勝、おめでとう」

と励ましてくれた。私は、通訳の田村氏の口を借りて、

「ドイツ国民の声援のおかげで勝てたと思います。感謝します」

と答辞した。それを、彼は豪快に笑いとばした。

一m六〇〔ママ〕cmの私の背丈に比べ、彼の体軀《たいく》は堂々としていた。その手は力強く、ドイツを率いていく独裁者らしい風ぼうに満ちていた。

（『ああ月桂冠に涙―孫基禎自伝』）

これはアドルフ・ヒトラーと対面した孫基禎がヒトラーの印象を述べたものである。ヒトラーは強く手を握りしめて「マラソン優勝、おめでとう」と孫基禎を祝した。孫基禎は一九三六年八月に開催されたベルリン五輪のマラソン競技で覇者となった。二時間二九分一九秒という当時のオリンピック最高記録での優勝だった。

孫基禎は朝鮮人でありながら日本代表選手としてこのマラソンを走り抜いた。朝鮮の代表選手にはなれなかった。当時の朝鮮半島は日本の植民地だったからである。彼には日本代表選手を辞退してオリンピックのマラソンをあきらめるか、日本代表選手として走るかの選択しかなかった。孫は後者をとった。朝鮮民族の代表として帝国日本のマラソンランナーになったのであった。

では、ベルリンの街を走る孫基禎のライバルは一体「誰」だったのか。

一九三二年のロサンゼルス五輪の覇者アルゼンチンのカルロス・ザバラなのか、イギリスの強豪アーネスト・ハーパーなのか、それとも日本代表を賭けてデッドヒートを繰り広げ、ベルリンの街をともに駆けている塩飽玉男《しわくたまお》やもう一人の朝鮮人ランナー南昇龍なのか。

いや、もっと大きな何かなのだろうか。朝鮮を植民地支配している帝国日本、あるいは朝鮮の植民地支配を実行する朝鮮総督府を中心とする植民地権力がそうなのか、それとも欧米の人々のアジア人を見る視線やオリエンタリズムなのか。ひょっとすると幼少期から彼を苦しめ続けてきた貧しさだったのかもしれない。あるいはそのすべて、なのか。

英雄孫基禎を見るとき、同時代的な制約を受けた多様な解釈がなされる。

オリンピックスタジアムの表彰台に立つ孫基禎。メインポールに日本の国旗が高々と掲げられ、「君が代」が流れる。そのとき孫の頬をつたった涙の意味は孫にしかわからない。感激の涙なのか、苦衷《くちゅう》の涙なのか、憎しみと悔しさに打ちひしがれた涙なのか、どよめく大歓声でマラソンの優勝者を迎えたスタジアムの観衆にその姿はどのように映ったのだろうか。

ヒトラーは孫基禎の優勝を祝福した。彼が偉大なアスリートであり、そのとき、世界で最も輝いたひとりの人間だったからだ。また祝福を受けた孫のヒトラーに対する印象はそれほど悪いものではない。

このベルリン五輪は同年二月に開催されたガルミッシュ＝パルテンキルヘンの冬季五輪と合わせてナチスのプロパガンダとしての意味があった。とりわけベルリン五輪は「優れた民族」としてのゲルマン民族と古代ギリシア文化とのつながりを世界にアピールし、ドイツの権威を国内外に示す絶好の機会だった。そうしたベルリン五輪ではあったが、孫基禎にとってはアスリートとして最も大切なスポーツイベントの記憶であったことは言うまでもない。

序章冒頭の引用は孫基禎が著した自伝『ああ月桂冠に涙』からであり、同書は一九八五年に出版されている。当時韓国は民主化運動が盛んな時期であり、その後開催される一九八八年のソウル五輪前のタイミングで出版された。

序はソウル五輪時に大統領となる盧泰愚《ノ・テウ》がオリンピック組織委員会組織委員長として寄稿している。このことからも同書がソウル五輪成功に向けた重要な著書のひとつだったことがうかがえる。ソウル五輪は韓国の国家の威信をかけたオリンピックであった。「国家」、「オリンピック」、「英雄」、「民族」はいつの時代も連関し、利用される可能性を含んでいる。

五輪でのマラソン優勝の意味

孫基禎が日本代表としてベルリン五輪のマラソンで優勝したことは、どのような意味を持つものだったのか。ベルリン五輪を視察し、その場に居合わせていた園山亀蔵は『渡欧記』に以下のように記している。

> 十五時待望のマラソンの出発だ、日本からは孫、南、塩飽の三人が出場。一〇粁《キロ》、二一粁、二五粁と時々刻々にニュースが入る。芬蘭土《フィンランド》のザバラが先頭だ、気がもめる。三十八粁辺りから孫が断然先頭だ、南の進出も素晴らしい、オリムピック新記録を以て孫優勝、南も三位でゴールイン観衆は総立ちになって称える。
>
> 第五回ストックホルムの大会に金栗氏を送って以来、臥薪嘗胆に廿《にじゅうよ》四年、今日始め

て初心を貫徹しえたのだ。それだけに歓喜も一層大きい。二度目の国家斉唱だ、感激の涙がこぼれる、これ以来独逸《ドイツ》人の我々日本人を見回す目色が変ってきたような気がする。サインぜめで街の歩行も簡単に行かなくなった影響は大きい。（『渡欧記』）

園山は島根県体育運動主事の立場でベルリン入りし、オリンピックの競技を順に追いながら見学していた。

園山の記述を見ると孫基禎、南昇龍を純粋に日本代表選手として応援していたことがわかる。二度目の国家斉唱とは、三日前の八月六日に三段跳で田島直人《たじまなおと》が一六メートルの世界記録を出して優勝し、金メダルを獲得していたからである。

なお文中のザバラはフィンランドではなく、アルゼンチン出身の選手であり誤記である。五〇〇〇メートル、一万メートルでフィンランドの選手たちが上位を占め、いずれの種目も優勝していることから、長距離種目におけるフィンランド選手の強さが園山のイメージとして残っていたのかもしれない。

いずれにせよ園山が孫の優勝に際し、「これ以来独逸人の我々日本人を見回す目色が変わってきたような気がする」と記しているベルリンの雰囲気は最も興味深い。孫のマラソン優勝がドイツ人をして日本人への眼差しを変えさせるほどの影響力を持っていたのだろう。マラソンという過酷な競技での優勝は民族の忍耐強さ、優秀さを示すバロメーターとして機能していた。ドイツの宣伝相であったゲッベルスもまた孫基禎の優勝の報を聞き「日本人がマラソンで優勝した！なんたる国、なんたる民族だ！」と日記に書いている（高儀進訳、『ベルリン・オリンピック1936』）。

ベルリン五輪の日本選手団団長を務めた平沼亮三《ひらぬまりょうぞう》は当時のことを次のように語っている。

> ドイツはこの大会の終始を通じ、日本に好意を持っていた。我々が道を尋ねても「ナニ日本人か、教えてやろう」と、四方から集って親切に案内してくれるという具合で、ドイツの新聞を見ても日本以上に良く書かれた国はなく、全くドイツの主賓として遇せられた感があった。
>
> これは選手が競技を通じて常に発揮した日本精神の点で、ドイツ人に深い感銘を与えた。殊《こと》に村社《むらこそ》選手が単身克《よ》く五千米《メートル》、一万米に奮闘したことゝ、孫、南の両選手がマラソンで赫々《かくかく》たる勝利を獲たことゝは、全く大会を通じて多大の感銘を与え、日本人を理解させるに役立ったのだと思う。
>
> （『スポーツ生活六十年』）

平沼の回想からもわかるように、長距離種目で活躍した村社講平や孫基禎、南昇龍らの勝利がドイツ人を感動させ、日本人の辛抱強さを美徳とする精神性への理解を促していた。

当時、ベルリンでオリンピックを観戦するドイツ人たちは、孫や南が朝鮮人であるという認識は全くなかったであろう。孫の胸の内は朝鮮民族であっても、彼らをまなざす外の世界の人々は彼らを日本人とみなしていた。彼らの懸命に走る姿は日本人の忍耐強さを表し、彼らの勝利は帝国日本のイメージアップを助け、日本人の優秀性を表す姿として世界の人々の目に映ったのである。

孫の勝利は日本とドイツとの親善に寄与する勝利ともなっていた。平沼がベルリンから日本に帰国した後、日本とドイツとの間で日独防共協定が成立した。

帝国日本と朝鮮民族のはざまで

孫基禎のマラソン優勝は日本の勝利であり、その勝利に世界は日本人の優秀性を感じていた。孫がベルリン五輪で優勝した翌日の『ニューヨーク・タイムズ』紙は次のように報じている。

ベルリン、八月九日——今日のオリンピックマラソンで記録的な勝利の後、ブランケットに包まれる若い学生孫基禎《そんきてい》は涙を流す多くの日本人たちに囲まれていた。

時折、人がつま先でそっと近づいてきて、しばらくの間、静かに孫の胸に頭を垂れ、それから新たに悲嘆の仕草をするのだった。

孫はただ微笑みながらそこに横たわっていた。彼はオリンピックが始まって以来、日本が追い求めてきた英雄になったことを知ったのだった。

「われわれは二四年間、この勝利に向けて準備を進めてきました」と、感極まる光景を説明する目の潤んだ日本人ジャーナリストがささやいた。「ようやくわれわれが勝利したことを理解しました。日本にとって決定的な瞬間です」

（*The New York Times*　一九三六年八月一〇日）

孫基禎がゴールテープを切った後の光景である。孫のマラソン金メダルの偉業は日本人孫《そん》基禎《きてい》の勝利として報じられていた。孫を見る日本人も孫の優勝を心から喜び、涙を目に浮かべながらその偉業に感動していた。オリンピックのマラソン優勝は、金栗四三が一九一二年のストックホルム大会に出場して以来二四年間待ち続けた待望の優勝だったからだ。日本人もドイツ人も世界の人々の誰もが、日本代表選手である孫基禎の優勝にそれ以上の何かがあるとは思っていなかった。

だが朝鮮人たちは違った。孫基禎は帝国日本のなかに生きる朝鮮人であった。

朝鮮民族、とりわけ朝鮮知識人にとっては歯痒《はがゆ》い思いがあった。朝鮮半島の朝鮮人たちが大歓喜で孫基禎の優勝に熱狂すればするほど、その勝利が日本の栄光であり、日本人の勝利であると世界に受け取られていることに対するギャップに向き合わざるを得なかったからだ。朝鮮人を代表する民族主義者、教育界、言論界の知識人らは、孫基禎は朝鮮人であり、世界を制覇したのは朝鮮民族の代表だ、そう世界に訴えたかった。

このベルリン五輪には孫と南以外にも日本代表選手に選ばれていた朝鮮人が、五名いた。つまり七名が日本代表選手としてこのベルリン五輪に参加していたのである。

例えば、サッカーの金 容植《キム・ヨンシク》である。強豪スウェーデンを打ち破ったサッカー日本代表の「ベルリンの奇跡」を生んだ立役者のひとりでもあり、のちに「韓国サッカー界の父」とも称される英雄である。他にもバスケットボールの李 性求《イ・ソング》、張 利鎭《チャン・イジン》、廉 殷鉉《ヨム・ウニョン》、さらにボクシングの李 奎煥《イ・ギュファン》らが代表選手としてベルリン五輪に参加していた。このなかにはベルリンへ発つ前に朝鮮人として帝国日本の選手になることを躊躇する者もいた。廉殷鉉は『バスケットボールの歩み 日本バスケットボール協会50年史』のなかで次のように語っている。

ベルリン・オリンピックでは、その代表候補選手に延禧専門から李性求、張利鎭、私の三人が選ばれた。当時の韓国は日本の政治的支配下にあり、日本人でない我々は、韓国元老の方々にその参加可否を打診した。元老連（ママ）から懇《ねん》ろ《ご》に参加を慫慂《しょうよう》され、盛大な歓送会が何回も開かれた。（『バスケットボールの歩み』）

彼らを日本代表選手としてベルリン五輪参加へと後押ししていたのは、植民地朝鮮の元老たち、すなわち朝鮮知識人たちである。彼らは、たとえ帝国日本の代表選手であったとしても朝鮮民族のなかから世界に伍する身体能力を持つ若者が出てきてくれることを大いに期待した。スポーツという場が民族の優秀性を最も顕著に、最も早く世界へとアピールできると認識していたからである。

その絶好の機会がベルリン五輪で実現した。孫基禎のマラソンでの優勝である。朝鮮知識人らも歓喜でこの瞬間を迎えた。植民地支配を甘受せねばならない朝鮮民族の鬱屈した思いが、孫基禎の優勝によって昇華させられたのである。

一九三六年八月一〇日に発行された『東亜日報』の号外には「孫君の優勝は廿《にじゅう》億の勝利」という見出しの記事が掲載された。そこで朝鮮体育会会長の尹致昊《ユン・チホ》は「我々朝鮮の青年がスポーツを通して世界二十億を相手にして堂々と優勝の栄冠を獲得したということは、すなわち、我々朝鮮の青年が全世界二十億の人類に勝ったということ」（『東亜日報』一九三六年八月一〇日号外）と述べ、孫基禎の優勝によって民族のプライドを取り戻した思いを吐露している。それほどまでにこの優勝が朝鮮民族に与えた影響は大きかった。

日章旗抹消事件の影響

しかし、こうした高まる民族意識が植民地朝鮮でセンセーショナルな事件を引き起こす。いわゆる日章旗抹消事件である。

八月二五日の『東亜日報』夕刊に掲載された孫基禎の写真は、胸の国旗が加工・修整され、日の丸が見えないように消されていた。これは運動部記者の李吉用《イ・キリョン》を中心とする複数名(八名が拘束されている)の『東亜日報』関係者らによってなされ、英雄孫基禎の優勝を帝国日本から朝鮮民族へと取り戻すことを意図したのであった。この行為は植民地支配への抵抗の表現を通じて帝国日本の「英雄」を朝鮮民族の「英雄」へと導こうとするものだった。

事件は当時の孫基禎に過酷な状況をもたらした。

この結果、孫基禎は帝国日本のなかで朝鮮総督府を中心とする植民地権力から警戒され、特高警察からは常に監視される対象となったからである。

朝鮮に戻ってからも「不法集会」という名の下であらゆる集会への参加禁止を余儀なくされる。「英雄」は帝国日本と朝鮮民族の相反する力の下で、支配と被支配の二律背反する世界に引き込まれたのである。誰からも賞賛されるべき栄光を手に入れたにもかかわらず、英雄は苦悩とストレスに苛《さいな》まれることになる。

「まえがき」でも触れたように、本書はオリンピックというスポーツのビッグイベントを通して帝国日本・朝鮮民族の英雄となった孫基禎に着目する。英雄は苦悩のなかにあった。

彼の栄光と苦難のライフヒストリーに触れることは、スポーツの英雄である孫基禎個人についてで理解するだけにとどまらない。彼の生きた時代の状況を見ることで、国家を背景とした英雄と権力が複雑に絡み合う世界を見ることにもなるだろう。

第1章

マラソンでの躍進

1912〜32年

1　鴨緑江の傍らで――スケートシューズへの憧れ

国境の都市新義州で生まれる

初代韓国統監の伊藤博文《いとうひろぶみ》は一九〇九年一月三〇日に新義州を訪れている。大韓帝国皇帝純宗の北方巡幸に付き添ってこの地に足を踏み入れたのだ。新義州に住む日本人、韓国人たちは伊藤らを慰労するための歓迎会を催している。その席で伊藤は新義州の今後の発展について次のように述べている。

> 此地の将来に発達するは、安奉鉄道成就して而《しこう》して清韓両国の此地方に於《お》ける発達、否寧《むし》ろ清国東三省の発達如何に依《よ》りて此地の盛衰を為すものと見て違算なからんと存ず。已に当地と安東県間の架橋の事も定まり、且《かつ》又、安奉鉄道も改築工事に着手せんとするの今日に際したれば、此地は此安奉線と京畿線〔ママ〕との連絡に依りて発達を期待するの外《ほか》なしと考う。
>
> （「新義州の経済的地位」『伊藤公全集第二巻』）

新義州は中国との国境沿いに位置する都市である。中朝の国境には鴨緑江《おうりょくこう》があり、はるか北方の白頭山《はくとうさん》に始まる流れは悠々と黄海にまで達する。

この鴨緑江に伊藤が「安東県間の架橋の事も定まり」と述べていた鴨緑江鉄橋が一九一一年一一月に、二年の歳月をかけて竣工《しゅんこう》している。長さは三〇九八尺（約九三八・七八メートル、資料によっては九四四メートル）あり、当時「東洋一の規模」の橋であった。

新義州と中国の安東がこの橋によってつながれたとき、伊藤はすでにハルビンで安重根《アン・ジュングン》の銃弾によってこの世を去っていた。その後、一九一〇年八月に大韓帝国は日本に併合され、朝鮮半島は日本による植民地統治が始まる。

孫基禎は鴨緑江鉄橋が架橋してからおよそ一年を経た一九一二年一〇月九日（旧暦八月二九日）に新義州で生まれた。この年は日本が初めてオリンピックに参加した年でもある。孫基禎が生まれる三ヵ月前にスウェーデンのストックホルムでオリンピックが開催されており、陸上の一〇〇、二〇〇、四〇〇メートル走には三島弥彦《みしまやひこ》が、マラソンには金栗四三が出場していた。日本のスポーツがオリンピックという国際舞台への一歩を踏み出した画期的な時期でもあった。

孫基禎はこの鴨緑江の傍らで育つ。伊藤博文が語ったように孫基禎が生まれた頃の新義州は鴨緑江鉄橋によって鉄道の京義線（京城―新義州）と安奉線（安東―奉天）とを連絡する重要な拠点となり、かつ安東との経済的な交流によって発達した都市へと変貌を遂げていく。

鉄橋を行き交う人々、新義州駅を過ぎ行く蒸気機関車、町に建築される新たな西洋式の建造物、王子製紙の大工場、鴨緑江に流れ着く木材を製材する営林署など、孫基禎はこの新義州の町が活気を帯び、変わりゆく姿を肌で感じながら過ごしたことだろう。

氷の世界と貧富の差

孫基禎の生家は新義州の南敏浦洞という鴨緑江堤のなかにあった。父孫仁錫《ソン・インソク》は雑貨店を営み、母金福女《キム・ボクニョ》は日用雑貨を頭に載せて行商をしながら家計を助けていた。孫基禎は四人兄弟の末っ子だった。家族六人がやっとのことで糊口《ここう》を凌《しの》ぐことができる生活であったという。この貧しい暮らしは孫基禎の人生に影を落としていく。

新義州の冬は極寒であった。零下二〇度を下回り鴨緑江を天然のアイスリンクへと変える。当時の鴨緑江は、一一月三〇日が結氷の平均的な時期であり、解氷時期は三月一六日であったとされる。そのためおよそ三ヵ月半から四ヵ月間は氷に閉ざされる世界であった。

凍った鴨緑江は安東と新義州を自由に往来できるチャンスを与え、安東で手に入れた商品を橇《そり》に乗せて運ぶこともできた。また天然のアイスリンクは絶好の遊び場で、凍った鴨緑江の上で安東・新義州の人々がスケートをして楽しんでもいた。ただスケートを楽しむためにはスケート靴が必要であり、スケート靴を持つ、持たないが貧富の差を表す一つのバロメーターであった。

私は子供心に、いつもそのスケートシューズにあこがれていた。しかし、貧しい家庭ではとうてい叶えられる望みではない。太めの針金を切断して板切れにくっつけ、それを靴に結びつけて氷の上を滑る。これが貧しい家庭に育った子供たちのスケーティングであった。しかし、刃の長い正規のスケートをはいて滑りまわる連中のスピードにかなうわけがない。その歯がゆさには、いつも胸がしめつけられるような思いをしていた。

（『ああ月桂冠に涙―孫基禎自伝』）

氷の世界で孫基禎は自らの立場を嫌というほど思い知らされた。鴨緑江でのスケートは、幼少期の故郷を思い出す懐かしさに満ちたスポーツではあったが、それ以上に貧しさを思い起こさせるスポーツでもあった。

当時の孫基禎の生活のなかで貧しさを感じさせないスポーツは競走、すなわち走ることであった。

消費組合のようなところでは会費を集め、理髪器械、ロウソクなどの日用品、またテニスラケットのような運動用品を購入、賞品として提供して競技大会を開いたりしていた。レースで村の誰かが勝ったりでもすると、村中から人気者としてもてはやされた。そのような背景で、村対抗の競争熱が高じていったものだった。

子供たちも、親に無理やりねだってせしめた小遣いを出し合って、賞品を買っては、競争に賭けるのが一つの流行みたいになっていた。私もお店から親の目をかすめて持ち出した小銭で、ノート、消しゴム、習字用半紙などを買っては、子供仲間たちとの賭けに夢中になっていた。

私は、かけっこでは負けることがほとんどなかった。走れば走るほど、走ることに興味がわいてきた。

（『ああ月桂冠に涙―孫基禎自伝』）

一九〇八年の統計によると新義州には四四二三名の日本人入植者がおり、その後、漸次増加し、一九三〇年には八三一六人にまで達している。冒頭の伊藤博文が予想していた新義州の発展が鴨緑江鉄橋の架橋により実現すると、産業の振興は日本人入植者を増加させ、富の集積が新義州に住む朝鮮人の間でも進み、経済的な格差を生み始めていた。大きな経済的格差を生み出したという点から見ると、それは植民地朝鮮における近代化の歪《ひず》みであったとも言える。

孫基禎が幼少期に感じていたのは裕福な他者と比較したときの自身の貧しさであった。おそらく当時の孫基禎は日本の植民地統治による近代化政策が彼の生活の貧しさをより際立つものにしているとは感じていなかっただろう。ただそれ以上に走ることによる自己実現や優越感が彼のアイデンティティを確たるものにしていった。

鴨緑江のほとりで走る

孫基禎が八歳から通った若竹普通学校は新義州駅からさほど遠くなく、駅を降りて道沿い（南方向）に進むと左手に新義州高等普通学校があり、そこからさらに少し南へ歩くと孫基禎の通う普通学校があった。自宅からはおよそ二キロメートル離れた位置にあり、学校までの道のりを走って通うのが、孫基禎の日課であった。

走ることにかき立てられていた孫基禎は、学校への通学路だけではなく、鴨緑江のほとりの砂地や土手を走っては満足する日常を過ごしていた。着物は汚れ放題だった。孫基禎にとってこの当時の「走ること」は遊びに近い感覚である。母親は孫基禎が走ることを好ましくは思っていなかった。母親は孫基禎に走りにくい女もののゴム靴を与えた。

新義州でも、金持ちの子供たちは自転車で通学していた。教科書を荷台に結びつけ、軽快にペダルを踏んでいく。女もののゴム靴を縄でしばって走っていく私の傍を、彼らは走り抜けていくのだ。私の心の中には、言い知れぬ怒りがこみ上げてきたが、だからといってそれを理由にケンカをすることもできなかった。

(『ああ月桂冠に涙―孫基禎自伝』)

女もののゴム靴を与えた母への恨みではなく、自分の姿と対照的な姿である自転車に乗る裕福な他者に対する恨みのまなざしが孫基禎にはあった。普通学校は朝鮮人の子どもたちが通う学校である。ただしここで孫基禎が記す自転車に乗った者たちは、日本人ではない。朝鮮人であろう。新義州に住む日本人の子どもたちは若竹普通学校とは一キロメートルほど離れた新義州小学校に通っていた。孫の恨みのまなざしは一方で羨望のまなざしでもあった。

安東と新義州の対抗陸上競技

鴨緑江は新義州に恵みをもたらす大河であったが、大雨が降ると竜の如く氾濫した。一九二六年八月、朝鮮半島の西北地方を暴風雨が襲った。鴨緑江は洪水を起こし、新義州にはあふれた水が入り込んだ。記録によるとこのとき、三七三戸(うち朝鮮人家屋は一七九戸)が浸水している。この浸水家屋のなかに孫基禎の自宅もあった。浸水の影響で家計がさらに厳しくなり、一三歳の孫基禎も母と同様行商をすることで、金を稼がねばならなくなった。学校に通いながらも、放課後は行商の仕事をしていたという。新義州では一九二七年、二九年、三二年にも洪水が起きている。

他方でこの時期に孫基禎は、彼の陸上競技人生における重要な出会いと出来事があった。出会いは学校の担任である李一成先生である。李一成は陸上競技選手で、五〇〇〇メートルと一万メートルの平安北道代表選手でもあった。孫基禎の素質と才能を見抜いた李一成は孫基禎に走法の指導を行った。やみくもに走るだけではなく、陸上競技選手としての走り方を、実際の競技を知る者から教えてもらうことができたのは孫基禎にとって幸いであった。

出来事とは、一九二三年から始まった国境を接する中国安東と町同士の陸上対抗戦、安義対抗陸上競技大会の五〇〇〇メートルの代表選手として出場し、二位の記録を残したことである。洪水から二ヵ月後、孫基禎は普通学校の五年生だった。史料として確認できる孫基禎の初めての公式大会の記録である。孫基禎は当時一四歳であり、ベルリン五輪で金メダルを獲得するちょうど一〇年前のことだった。

鴨緑江をまたいで隣り合う安東と新義州は経済的に親密な関係を持ち、両都市の人々の交流が盛んであった。特にスポーツは文化的な交流としての意味をもっていた。競技のなかでも野球、陸上競技、スケート競技の交流試合や交流大会が盛んに行われていた。

安東駅から錦江山方面に向かうと前方の錦江山の麓に南満州鉄道株式会社（満鉄）の社宅が並んでいて、その社宅の下には安東の満鉄グラウンドが造成されていた。安東と新義州の野球の交流戦はこのグラウンドで行われている。ただこのときの野球はすべて日本人選手であった。その点、陸上競技とスケート競技がこの地域の盛り上がりを演出した。両競技とも日本人、朝鮮人、中国人と民族を問わず参加していたからである。とりわけ陸上競技は新義州では非常に人気のあるスポーツであった。孫基禎が陸上競技を選択していくのは、新義州の朝鮮人たちが陸上競技に夢中になっていた影響があったからかもしれない。

日本へ――上諏訪での生活

孫基禎は若竹普通学校の卒業を控えて、進学か就職かの選択を迫られることになる。地元の新義州商業学校からは陸上競技部への勧誘を受けていた。孫基禎はこの話に魅力を感じていた。しかし学費の問題があった。進学するだけの経済的な余裕が孫の家にはなかったからだ。やむなく孫基禎は地元の鴨江印刷所に就職する。

そのようななか日本に留学していた李一成先生が新義州に戻ってきた。走りたいが仕事をしながらだと、トレーニングさえままならない孫基禎の意気消沈している姿を見て、李先生は孫に日本で働きながら走ることを提案した。実際に日本での勤め先まで斡旋してくれたのである。

一九二八年の夏、孫基禎は家族に反対されながらも長野県上諏訪町（現諏訪市）に向かった。同じように李先生から日本で働くように勧められた桂《ケ・グァンスン》光淳も一緒だった。当時、新義州から東京まで二日ほど要したことから、長野まで向かうのも二日ほどを要する小旅行であっただろう。その道中、全国中等学校優勝野球大会（夏の甲子園大会）で優勝した松本商業高校（現在の松商学園高等学校）の応援団と同じ列車に乗り合わせ、その喜びに満ちた様子を見て孫も陸上で栄光を摑《つか》むことへの憧れを感じたという。

上諏訪に着いた孫基禎は小松という人の営む布六呉服店に勤務する。いわゆる丁稚奉公《でっちぼうこう》なのだが、落ち着かない日本の着物と日本語がままならないことも手伝い、最初は接客で受け答えをすることに苦労したという。ただ朝と夕方にはトレーニングを行う余裕があり、順調な日本での生活を送り始めたかに見えた。

だが呉服店での仕事に馴染《なじ》んできた頃に呉服店の経営が傾き始め、冬には閉店し、主人の小松は飲食店へと転業する。孫基禎も小松の経営する食堂での勤務を余儀なくされた。食堂では夜遅くまでそばやうどんの出前などに従事せねばならず陸上のトレーニングは難しくなっていく。この頃になると期待していた生活からは程遠くなり、心に暗雲が垂れ込めていた。

長野の冬も新義州ほどとは言えないが、寒かった。近くには諏訪湖があり、冬は凍結しアイスケートが盛んに行われていた。孫も諏訪湖でスケートを楽しんだ。早朝にトレーニングを兼ねて滑ったのだった。

しかし、食堂の仕事は厳しく、孫は挫折した思いを胸に新義州に戻ることを決意する。日本での生活は思い描いたものではなく、李一成先生への恨みもあった。ただのちにはこの上諏訪行きが孫基禎を走る世界へと引き戻してくれることになる。

2 名門・養正高普へ――「半島の五輪」での活躍

光州学生運動の外で

孫基禎の年譜を見れば、就職せざるを得なかった一九二八年からの二年間は競技人生のなかで最も陸上競技と縁遠い苦しい日々だったことがわかる。しかし、一方でこの時期に高等普通学校などに進学していなかったことが陸上競技を続けていくうえで幸運でもあった。

孫基禎が高等普通学校に通えなかった時期、植民地朝鮮では光州学生運動が起きている。一九二九年一一月に光州で始まったこの学生運動は、一〇月に羅州駅で日本人学生が朝鮮人女子学生に対して嫌がらせをしたことがきっかけとなって大きな反日運動へと変わり、各地の朝鮮人学生たちを刺激し、抗議の示威運動や同盟休校などが盛んに行われる。この学生運動によって民族意識の高い多くの朝鮮人学生らが退学処分を受けて、勉学の機会やスポーツの機会を失った。

ベルリン五輪に日本代表選手として選ばれたサッカーの金容植もそうしたひとりであった。当時儆新中学校でサッカー部に所属していた金は儆新中学を京城の強豪チームにまでした立役者であったが、学生運動に参加したことで中学校を退学させられている。また当時京城にいて立命館大学で剛柔流空手を学びながら、石原莞爾《いしわらかんじ》の説く東亜連盟運動に目覚めた曺寧《チョ・ニョン》柱《ジュ》もこのときの学生運動の挫折がきっかけとなって日本に渡っている。

植民地朝鮮で学校教育を受けることができた者は、朝鮮人のなかでも富裕層の子弟が多かった。先述したように、孫は家が貧しく就職せざるを得ず、進学できなかった。孫の活躍はこの学生運動が収束した頃から訪れる。

ともあれ日本から新義州に戻った孫基禎は同益商会（のちに安東で同益公司、資料には安東取引所とされている）という穀物問屋に就職する。仕事に慣れてくるとトレーニングを再開した。孫は走り慣れた新義州の野山や鴨緑江のほとりを再び走り始めた。

栄光の始まり

落ち着いた環境で仕事ができるようになり、トレーニングに励み始めると、その成果は次第に結果として現れ出した。自伝『ああ月桂冠に涙』によると、その始まりは一九三〇年、一七歳のときに新義州府内で開催された区域対抗運動会であったとする。

新義州から出発し、義州までの道の中間点を折り返す往復コースで、距離四〇里（朝鮮の一里は約四〇〇メートル）の長距離競走に出場して優勝し、賞品の米一俵と木綿二反を手にしたという。

この時期の孫が新義州内の各大会に出場して活躍していたのは事実だろう。だが新義州内での活躍は自伝に記した一八歳（一九三〇年）からのものではなく、おそらく一九二九年からだろう。確認できる史料がないため明らかではないが、その後の展開からすると帰郷してきた一九二九年の秋から結果を出し始めていたと思われる。なぜなら一九三〇年秋には、孫はすでに全朝鮮で活躍する機会を手にしていたからである。自伝での一九三〇年と三一年の記述は事実関係が混乱している。ここではベルリン五輪の栄光へと踏み出した始まりの状況を整理して記しておきたい。

孫基禎が長野県上諏訪町から新義州に帰郷し、同益商会で仕事をしながら、陸上競技大会に出場したことが確認できる最初の記録は一九三〇年九月八日である。孫はこの年の第六回朝鮮神宮競技大会（以下、大会名称が年度によって変わるため「朝鮮神宮大会」と統一）への出場予選を兼ねた平安北道体育協会主催の平安北道陸上選手権大会の五〇〇〇メートル走に出場し、優勝する。地方予選を勝ち抜いた孫は平安北道代表（以下、平北）となり、京城で開催される朝鮮神宮大会に出場することになった。この平北大会予選のタイムは一七分一四秒一。二位には白元信《パク・ウォンジン》がつけており、二人とも平北代表として朝鮮神宮大会への出場権を手にしている。

この朝鮮神宮大会は一九二五年から「半島のオリンピック」として開催された朝鮮で初めての総合的な競技大会であり、明治天皇と天照大神を祀る意味をもっていたことから帝国日本を象徴する大会でもあった。選手の立場からすると、この朝鮮神宮大会でよい成績を残せば、日本の明治神宮競技大会（前年の一九二四年から開催。以下、大会名称が年度によって変わるため「明治神宮大会」と統一）へと参加し、帝国日本一の選手を目指すことができた。さらに明治神宮大会で優れた結果を出せば、その先には国際競技大会の最高峰であるオリンピックに日本代表として参加できる道も見えてくる。

これらの「神宮大会」は、予選（周辺）から本大会（中央）にいたるまでに帝国日本の版図に含まれる地域の選手・役員・観客・ボランティア・組織を「神宮大会」へと数多く動員した。それによって、帝国日本への一体感をもたらし、帝国の中央と周辺を結びつけるスポーツイベントとしても機能した。

その中央へとつながる競技大会として朝鮮には朝鮮神宮大会があった。

五〇〇〇メートル走でのトップクラスに

一九三〇年一〇月一七日、孫基禎はこの朝鮮神宮大会に初めて出場する。孫が出場したのは青年の部の五〇〇〇メートル走であった。

この競技のそれまでの朝鮮記録は一六分三二秒であったが、平南代表の辺龍煥《ピョン・ヨンファン》が一六分五秒の朝鮮新記録を出してこれまでの記録を大幅に塗り替え、優勝している。孫は健闘したものの辺に続く二位でゴールインした。孫とともに平北代表として出場した白元信は三位であった。

このときのことを孫は自伝で、辺は一五分代で走ったと述べ、この競技を一九三一年一一月のこととしているが、これは記憶違いである。ちなみに辺は一般の部の五〇〇〇メートル走にも出場し、一六分三九秒で同じく優勝し、一般の部の一万メートルにも出場し、京城の金恩培《キム・ウンベ》に続き、二位となっている。

では孫の記憶違いの時期には一体何があったのか。

翌一九三一年にも孫基禎は平安北道の朝鮮神宮大会予選に出場している。この予選大会は九月二〇日に開催され、孫が出場した種目はやはり五〇〇〇メートル走であった。孫はこの種目を一七分九秒六の記録で走って優勝し、平北代表に選ばれている。続く第七回朝鮮神宮大会の陸上競技は一〇月一七日に開催されており、五〇〇〇メートル走で予選のタイムを一分近く上回る一六分一八秒四の好記録を出して優勝している。孫は一般の部ではなく、青年の部での出場だったが、五〇〇〇メートル走で朝鮮トップクラスの選手になっているのは間違いない。

一九三一年一一月は日本で第六回明治神宮大会が開催されている。孫基禎の記憶のなかでは一九三〇年と三一年の出来事が交錯しているようである。

翌一九三二年の三月に孫基禎は高麗陸上競技会主催の第二回京永マラソン大会に出場した。京永マラソンは孫と密接な関わりを持つことになる東亜日報社の後援で開催されていたマラソン大会であり、京城から永登浦までを往復する長距離競走であった。第一回大会は一九三一年に開催され、養正《ヤンジョン》高等普通学校（以下、養正高普）の金恩培が優勝している。

京永マラソンの参加はこれまでの大会を青年の部で出場していた孫にとっては本来のマラソンの走行距離でないとはいえ、一般の部として出場した初めての公式戦の記録となる。結果は朝鮮神宮大会で敗れた辺龍煥にまたしても敗れたものの、二位の結果を残している。

こうした孫基禎の一九三〇年代初頭の活躍は朝鮮の陸上競技の名門養正高普への入学につながっていく。

名門・養正陸上競技部への入部

一九三二年四月、孫基禎は京城にある養正高普に入学する。孫はこのときすでに一九歳だった。

孫の自伝では養正高普への進学は、孫と同郷新義州の陸上競技選手であった黄《ファン・》大善《テソン》の取りなしによるとされている。孫の記憶だと黄は前述の光州学生運動に参加して新義州高等普通学校を退学させられ、養正高等普通学校に転校したことになっている。だが、黄は養正陸上競技部の選手として一九二七年からの各種大会で活躍しており、二九年には養正高普を卒業している。そのため学生運動と黄とを結びつける孫の記憶は誤っている。

一方、孫にインタビューをして執筆された鎌田忠良の『日章旗とマラソン』には、京永マラソンを見ていた養正陸上競技部監督の徐《ソ・》雄成《ウンソン》の目に止まり、養正高普から誘われたとしている。いずれの記憶が正しいかはわからないが、三月の京永マラソンで二位の記録を残したことが孫の養正高普入学を後押ししたことは確かであろう。優れた身体能力が名門校に認められたのである。

孫基禎が入部した養正陸上競技部は朝鮮陸上競技界の雄であった。孫基禎が養正陸上競技部に所属する前の一九二九年から三一年までは日本の関西大学主催で開催されていた大阪—神戸間を走る全国中等学校大阪神戸間大駅伝競走大会（阪神駅伝）で三連覇を達成するなど、その活躍は朝鮮だけでなく、日本にも知られるようになってきていた。

この養正陸上競技部の礎を築いたのは峰岸《みねぎし》昌《しょう》太郎《たろう》である。峰岸は日本体育会体操学校（現日本体育大学）を一九一七年に卒業し、二一年に朝鮮の養正高普へと赴任している。教師として勤務しながら同校の運動部長を兼務。また陸上競技部の部長となり、養正陸上競技部を創設し、養正高普を朝鮮でも有数の陸上強豪校へと導いていた。『養正体育史』には峰岸が赴任してきたときのことが次のように記されている。

> １９２１年4月20日、本校に赴任した日人教師峯岸昌太郎先生は大きな興味と期待をもって養正体育の基盤を固めるために意欲的な指導に乗り出した。本校は初期に庭球のみが若干活躍を見せていたが、１９２１年、新学期を迎え、峯岸先生の赴任を契機にして陸上競技部と野球部が生まれ、本格的な体育活動を始めた。特に陸上競技部は２、３年の間に飛躍的な発展を重ね、１９２３年11月8日、延禧専門学校主催、東亜日報社後援で開かれた第２回全鮮中等学校対抗陸上競技大会で本校が優勝する快挙を記録するに至った。
>
> （『養正体育史』）

教師としても運動部長としても峰岸が養正高普のスポーツ活動に与えた影響は大きい。正課外の活動に貢献した峰岸は、養正高普を一〇年間ほど勤め、一九三一年五月に突然辞職して朝鮮体育協会主事に着任している。

養正高普辞職の理由はよくわかっていない。ただ体育協会の職も一年二ヵ月ほどで辞し、その後、満洲の新京へと向かったという。甘粕正彦《あまかすまさひこ》が社長をしていた頃の大東公司に勤めていたという話もあるが定かではなく、満洲に渡ってからの峰岸の消息も明らかではない。

ゆえに孫基禎が養正高普に入学してきたとき、峰岸はすでに養正高普にいなかった。孫は峰岸の指導を受ける機会はなかったものの、入部した養正陸上競技部は峰岸の薫陶を受けた先輩たちがいた。そのなかでも金恩培や南昇龍は孫と同様に世界で活躍していく。

日本の駅伝大会での勝利

孫基禎が養正陸上競技部に入部して間もない四月三日、第三回京仁駅伝競走大会が開催されている。孫はこの駅伝に第四区の走者として出場した。

養正高普チームのメンバーは、第一区南昇龍、第二区趙寅相《チョ・インサン》、第三区咸炳文《ハム・ビョンムン》、第四区孫基禎、第五区柳海鵬《ユ・ヘボン》、第六区金恩培であった。のちにオリンピックで活躍する選手が三名も駅伝メンバーのなかに入っていた。このメンバーで大会に臨んだ結果、大会最高記録を更新し、優勝している。孫は、さらにその二週間後に東京で開催される第一三回全国中等学校駅伝大会のメンバーにも選ばれ、日本へと遠征する。孫はこの東京―横浜間を走る駅伝の第五区を任される。

入学も早々、ほんの十五日目で東京・横浜間の駅伝競走に出場して、私は第五区を区間新記録を出して走った。そして、私のバトンを引き継いだ最終ランナー柳海鵬キャプテンは、日本チーム二十数校を押しのけて新記録のタイムで優勝する。そのあと帰国したときのソウル駅前（当時は京城駅）の歓迎ぶりがまたすごかった。

（『日章旗とマラソン』）

養正陸上競技部はこの大会にも見事優勝し、その強さを帝国日本全土に知らしめた。孫も五区の区間新記録をマークする快走で優勝に貢献した。朝鮮の大会でも日本の大会でも入部間もないルーキーが活躍したのである。

養正陸上競技部の活躍に見られるように、スポーツでの勝利は支配も被支配もなく、結果のみが純粋に現れる。その勝利は植民地支配に甘んじる者たちにとっては計り知れないものがあった。養正高普の勝利は朝鮮人にとって朝鮮民族のアイデンティティを確認し、民族意識を鼓舞する絶好の機会にもなった。

京城駅で養正高普のメンバーの凱旋《がいせん》を迎える人々は勝利の喜びと鬱屈した感情の披瀝《ひれき》を禁じ得なかった。孫は養正高普に入学してから、そのことを強く感じる環境にあった。教育・都市(近代性)・スポーツ・民族が密接に結びつく地点に孫は立ったのである。

孫基禎は養正高普への入学によって、生活圏が新義州という地方都市から京城という中央都市へと変わった。この生活圏の転換は重要である。孫は京城でモダンな思想や文化を享受する機会を手にする。それは一方で帝国日本の巨大なシステムの歯車に組み込まれることでもあった。養正高普への入学は、栄光の始まりと同時に逃れられない運命の始まりでもあった。

金恩培とのデッドヒート

孫基禎が養正高普に入学してきたとき、養正高普だけでなく、朝鮮陸上競技界で注目を浴びる選手として金恩培がいた。峰岸昌太郎は金恩培の走る才能を見抜いていた。金は峰岸が監督時に成し遂げた全国中等学校大阪神戸間大駅伝競走大会の三連覇の偉業に関わり、一九三〇年、三一年度のアンカーとしてチームに貢献している。峰岸の養正陸上競技部の指導歴のなかで最も期待し、最も信頼していたのが金恩培であった。

金恩培は兄金珍培が養正陸上競技部に所属していたことから、一九二八年に儆新中学から養正高普へ転学し、陸上競技部に入部した。入部後は峰岸にその能力を高く評価されて厳しい指導を受けつつ、力を増していく。五〇〇〇メートル走、一万メートル走では朝鮮の数々の大会で優勝、入賞を果たし、マラソンでは一九三一年五月に開催された第一回京永マラソンに優勝する。さらに一〇月に開催された第七回朝鮮神宮大会のマラソンでは当時の世界最高記録となる二時間二六分一二秒を出して優勝した。

この記録は非公認記録として扱われたため世界最高記録として認定されなかったが、一〇月二〇日の『東亜日報』は「金恩培君マラソンに世界公認記録突破」という見出しで大々的に報じられ、マラソンの朝鮮新記録を打ち立てた長距離ランナーとして朝鮮期待の星となっていた。

孫基禎はこの金恩培と養正陸上競技部に入部してから一ヵ月ほどで直接対決する。第一三回全国中等学校駅伝大会から京城に戻った翌月の一九三二年五月のことである。

この年、第一〇回のオリンピック競技大会がアメリカのロサンゼルス（以下、ロサンゼルス五輪）で開催されるため、日本代表選手を決定する選考会が東京で開かれることになっていた。朝鮮では日本でのオリンピック選考会への出場権をかけて朝鮮予選会が開催される。五月八日、朝鮮体育協会が主催した第一〇回世界オリンピック朝鮮第一予選陸上競技大会と称するこの大会に孫は五〇〇〇メートル走と一万メートル走に出場した。

金恩培と孫基禎は一万メートル走で対決する。金は前年の朝鮮神宮大会でマークしたマラソンの朝鮮記録が認められ、一万メートル走のみの出場となっていた。孫も当初は五〇〇〇メートル走のみの参加予定だったが、急遽《きゅうきょ》、金のペースメーカーとして一万メートル走にも出場するように促されたのだという。この競技の様子は次のように報じられている。

十五周まで金恩培、孫基禎両君の火よりも熱い接戦を演じて一段孫君五米くらいの差で先頭を走っていたが、十六周に来て金君が再び先頭に抜け出て肩を並べ、二周回ってラストに入り金君がスパートして一着、孫君が五米ほどの差で二着となった。

（『東亜日報』一九三二年五月九日）

孫は惜敗したものの金恩培と互角の力を見せ、一万メートル走を二位でゴールインした。自伝ではこのとき会場で見守る峰岸昌太郎がトラックに飛び出してきて、「おい、孫君。ペースが速い。速いと言ってるのが聞こえないのか」と怒声を浴びせてきたと記している。孫は金恩培の肩を持つ峰岸に対して違和感を持ち、当時を思い起こしても若干の憤りを感じていた。

一万メートル走では惜しくも二位に甘んじたものの孫基禎は次の五〇〇〇メートル走で他

の選手を圧倒する。辺龍煥の朝鮮記録を破る一六分三秒二のタイムを出し、一位でゴールインした。二位は養正陸上競技部の主将柳海鵬であり、柳とは一五〇メートルの差をつけてのゴールだった。

孫基禎はこの予選会で五〇〇〇メートル走一位、一万メートル走二位の結果を出し、実力を十分に発揮した。新義州から京城に出てきて、まだ一ヵ月程度しか経っていなかった。

ちなみにこの朝鮮予選会のマラソンで優勝したのは権《クォン》泰夏《テハ》であり、タイムは二時間三五分一二秒という好成績だった。権は徽文高等普通学校を中退して日本に渡り、このとき、明治大学の学生だった。二六歳と遅咲きながらマラソンに転向して見事にこの予選会のマラソンで一位となった。

朝鮮予選会の結果、朝鮮からの陸上競技長距離種目の代表として金恩培、権泰夏、孫基禎の三人が、東京で開催されるロサンゼルス五輪の選考会に参加することになる。

ロサンゼルス五輪の代表選考会

東京の明治神宮外苑で第一〇回オリンピック大会全日本予選会が開催されたのは一九三二年五月下旬のことだった。

孫基禎は五〇〇〇メートル走と一万メートル走にエントリーされ、五〇〇〇メートル走は五月二八日に行われ、一万メートル走は二九日に行われた。残念ながら孫はいずれの種目も精彩を欠き、上位に食い込むこともできずに日本での予選会を後にする。自伝ではコンディションが悪かったと記している。たしかに四月からの遠征や大会の連続で疲労のピークがあったのかもしれない。代表選手になることの厳しさも同時に実感した予選会となった。

一方、マラソンの選考会はトラック種目よりも早い五月二五日に行われている。コースは明治神宮外苑をスタートとゴールに、多摩川に架かる六郷橋を折り返し地点としていた。予選を勝ち抜いた二五名による戦いであった。この二五名のなかに金恩培と権泰夏がいた。南からの強風で砂塵が舞い、逆風のなかで走らねばならない悪コンディションだった。ロサンゼルスのスタートが午後三時だったために、それに合わせて午後二時三分にスタートした。

鈴ヶ森付近までは一一名の一団が先頭集団を作り、そのなかに金恩培と権泰夏がいた。六郷橋の折り返し地点では先頭集団が七名になっていた。レースの終盤に権が動いた。増上寺付近から津田晴一郎《つだせいいちろう》と権が先頭の高橋清二をとらえ始め、溜池で権は高橋に追いつき、津田との差を一〇〇メートルほどに広げた。先頭に立った権は赤坂見附を過ぎた坂でスパートをかけた。後方にいた金は明治神宮外苑まで勝負をかけず、外苑内の絵画館前で一気にスピードを上げ、津田を追い抜くと、高橋もそのままの勢いで抜き去り、権に迫っていった。

終盤早めに勝負に出た権泰夏が二時間三六分五〇秒のタイムで一位となり、最後のスピード勝負に出た金恩培が権に遅れること一分七秒で二位となった。三位にはアムステルダム五輪の代表でもあった津田晴一郎が入り、このマラソン選考会の結果を受けて三〇日に代表選手を選ぶ会議が行われ、上位の三名がロサンゼルス五輪代表に決定する。

朝鮮の人々にとって、初のオリンピアン二名が陸上競技のマラソンという花形種目に出たことは感激だった。二人が代表選手に決定した翌々日の『東亜日報』には「朝鮮青年の世界的進出」と見出しを打った社説が掲載された。

> 五月二十五日東京で開催された世界オリンピック大会全日本第二長距離予選及全日本選手権大会で栄誉の第一、第二の着となった朝鮮青年権泰夏、金恩培の両君は予想した通り今夏米国西海岸〝ロサンゼルス〟で開催される第十回世界オリンピック大会に出戦選手として指名された　全日本の選手が一場に集う大会で数千の選良を圧倒して朝鮮青年が第一、第二の着を全部独占したということはすでに朝鮮青年の栄誉なのだが世界の全選手が集合する世界オリンピック大会に朝鮮青年がその雄姿を現すことになったことはただ権金両君の栄誉だけではなく朝鮮民族の光栄であると言わねばならない、過去累世紀間たとえ隠遁文弱《いんとんぶんじゃく》の弊《へい》に嵌《は》まり民族的萎縮の運命に陥っていてもこのようにかくれた世界的選手がいたということは実に朝鮮民族の血管に大陸的民族の血液が強く打っ

ていることと理解されるが、これは朝鮮の誇りであり、朝鮮の栄誉である。（『東亜日報』一九三二年六月二日）

選考会で惨敗を喫した孫基禎にとっては、このときの金恩培と権泰夏の姿が華やかに映ったに違いない。その悔しさと憧れが次のステップへと孫を推し進める。孫の挑戦は始まったばかりだった。

第2章

ベルリン五輪の栄光

1932～36年

1　内鮮融和とスポーツ——ロス五輪の朝鮮人選手

帝国日本の一九三二年

一九三二年一月八日、麴町区桜田町の警視庁庁舎前で昭和天皇を狙った爆弾テロ事件が起きた。桜田門事件である。

実行犯は金九《キム・グ》が組織した韓人愛国団所属の李奉昌《イ・ポンチャン》。金九の指示を受けて上海から日本に渡り、犯行に及んだ。行幸から戻る御料馬車に爆弾を投げつけたものの、天皇の乗る馬車ではなく、また爆弾の威力が弱かったことから、暗殺は未遂に終わった。逮捕された李は同年一〇月に大逆罪で死刑に処された。

さらに韓人愛国団所属の朝鮮人による爆弾テロ事件が同年四月二九日に上海でも起きている。上海天長節爆弾事件である。実行犯は尹奉吉《ユン・ポンギル》。この事件では上海に派遣されていた陸軍大将の白川義則が死亡するなど、多数の死傷者を出している。事件後逮捕された尹も同年一二月に移送先の金沢で殺人・殺人未遂・爆発物取締罰則違反の罪で死刑に処された。

現在韓国では、彼らの行動が植民地期に命を賭けて行った抗日運動であると評価され、両者ともに民族の英雄として讃えられている。

一九三二年は、朝鮮人の独立運動に関わるテロ事件だけではなく、二月九日には前蔵相だった井上準之助《いのうえじゅんのすけ》、三月五日に三井財閥の團琢磨《だんたくま》が殺害され、日本国内では要人の暗殺事件が立て続けに起きている。これら一連の事件は血盟団事件と呼ばれる。

血盟団は天皇中心の国家改造を目指す井上日召《いのうえにっしょう》を頭目とする右翼的な運動団体であった。彼らの行動の背景には世界恐慌後の日本経済の不安定な状況と一九二〇年代から続く社会不安の高まりがあった。血盟団の行動は多くの人々のシンパシーを得るものでもあった。左翼的な運動に監視の目を光らせていた特高警察は国家主義を標榜《ひょうぼう》する右翼系運動団体の動静も注視していくようになる。

こうしたテロ事件が日本、中国で散発するなか、一九三二年三月一日、中国東北部に満洲国が誕生した。前年九月に勃発した満洲事変以降に日本が占領した中国東北部がその領域であった。三月九日に清朝最後の皇帝溥儀《ふぎ》が執政に就任したが、その背後には関東軍がいた。建国したとはいえ、中国はこれに対して強く抗議し、満洲国は国際連盟をはじめ国際社会から承認を必要とする状態であった。四月には国際連盟調査委員会（以下、リットン調査団）が満洲事変のきっかけとなった満鉄の線路が爆破された事件を調査するために満洲を訪れることになっていた。関東軍と満洲国にとってリットン調査団の訪問は満洲国建国の正当性をアピールするチャンスであった。

関東軍はここでスポーツを利用する。

関東軍参謀部宣伝課はリットン調査団の来満に合わせて、満鉄沿線の各都市にて建国記念連合大運動会を開催する。四月下旬から五月下旬頃まで満洲全土の都市で開催するとし、リットン調査団が立ち寄る可能性のある都市では、滞在のタイミングを見計らっての開催を目論んでいた。

とりわけ大連、奉天、長春、ハルビンなどの主要な都市では二日間にわたって運動会開催を予定していた。これら運動会によって、日本と満洲の人々の融和（日満融和）をリットン調査団にプロパガンダしようとしたのである。

他方で関東軍はリットン調査団が続発していたテロに巻き込まれないように配慮せねばならなかった。リットン調査団が在満中に上海で起きた天長節爆弾事件の影響が満洲には及ばないように警戒しつつ調査の推移を見守った。

リットン調査団がいくつかの都市での視察を終えてハルビンに滞在している頃、日本にはアメリカからチャールズ・チャップリンが来日していた。チャップリンは五月一五日に首相官邸で催される歓迎会に招かれていたが、一五日の歓迎会はキャンセルして相撲観戦に出かける。その日に事件は起きた。

チャップリンの歓迎会が延期されるなか一日官邸で過ごしていた首相犬養《いぬかい》毅《つよし》が昭和維新

を唱える海軍の青年将校らによって暗殺されたのである。いわゆる五・一五事件である。幸いチャップリンは予定を変更していたために難を逃れていた。

ロサンゼルス五輪の開催前の一九三二年、帝国日本は、植民地支配、一九二〇年代から続く経済的ダメージ、軍縮を受け入れる政治家への不満が噴出し、テロ事件を誘発していた。

前章のロサンゼルス五輪の朝鮮での一次予選や日本での選考会が行われていたのは、これらの出来事が帝国日本のなかで起こっている最中であった。

朝鮮民族と太極旗

ロサンゼルス五輪の日本選手団には朝鮮人が四名いた。マラソンの金恩培、権泰夏とボクシングの黄乙秀《ファン・ウルス》、さらに大日本体育協会理事で庶務担当の李相佰《イ・サンペク》が役員として代表団に随行していた。李相佰のロサンゼルス五輪参加は解放後の韓国スポーツ界に活かされることになる。またこのときの日本代表には台湾人の張星賢が四〇〇メートル走、四〇〇メートルハードルで選出されており、台湾初のオリンピアンとなっていた。このようにロサンゼルス五輪は帝国日本の外地の選手・役員が選手団に入り、外地を包摂する帝国日本のスポーツ状況が現れ始めていたと言えよう。これは一九三六年のベルリン五輪に引き継がれていく。

ロサンゼルス五輪は七月三〇日に開幕した。明くる日の七月三一日、ロサンゼルスの在米

在米コリアンによる朝鮮人４名のロサンゼルス五輪代表選手の歓迎会，1932年７月31日

コリアンらが四名のために歓迎会を催している。会場には太極旗が掲げられていた。金恩培は太極旗を見るのが初めてだった。

しかし彼らが胸につけている国旗は日の丸、すなわち日章旗であった。歓迎会では彼らが日の丸を背負って競技に臨むことに批判的な同胞もいたという。この頃アメリカに渡ってきていた在米コリアンたちは留学生などの亡命知識人たちが多く、植民地支配に抗する民族意識の強い人々が多かった。在米コリアンらの複雑な心境の現れだった。

競技に臨んだ彼らの成績はどうだったのか。三名のロサンゼルス五輪での競技成績は金恩培がマラソン六位、権泰夏が九位、黄乙秀はボクシング一回戦で敗退だった。『第十回オリムピック大会報告』には、マラソンについて次のように記載されている。

津田君と金君が四五着（実際は五位、六位）となって、未だ諦め切れない気持ちの消えやらぬ時、第九着として入ってきた権選手の影のような飄漂たる姿を見て、もう何んともいえない、息の詰まる想いがした。殊《こと》にあの最後のゴール前の光景は、たゞたゞ胸を締めつけられる気がするだけで、座を起つ気力もなくたゞ茫然と暮れかゝるスタンドを見上げるのみであった。周りにいた米国人その他の外国人が、黙ってたゞ肩を敲き舌打ちをしながら慰めてくれたことを後で想い出した。スタディアムの外では見知らぬ老人に手を握られ、君等は稀に見る『ハード・ワーク・ピープル』だといわれ、又或人からは三人の選手が全部ゴールに入ったのは日本だけで、勝敗は別の問題だとしてあんなにまでしても皆揃ってゴールに入るという精神が見あげたものだ、などといろいろなことをいわれた。

（『第十回オリムピック大会報告』）

日本ではマラソンがロサンゼルス五輪で最も期待された競技のひとつであった。津田晴一郎、金恩培、権泰夏の成績は残念ながら日本スポーツ界の期待に添う結果ではなかった。報告書の記述にはその無念さが滲み出ている。

選手を褒め讃えている記述からは、海外の人々が三人のマラソン日本代表を見たとき、三人は皆日本人として同一視されていたことがわかる。国際社会の人々の目には、金、権が走る姿は、朝鮮人が民族を代表して走っている姿とは映らなかった。代表団の内実や植民地支配の実際を知っていなければ、彼らを被支配民族の選手であると認識することは困難であった。

金恩培はマラソンを走っているときに、沿道で太極旗を振りながら応援する同胞の姿にも気づき、祖国を感じたと、帰国してから東亜日報記者の李吉用に話したという。

当時の日本のマラソンは一九二八年アムステルダム五輪での山田兼松が四位、津田晴一郎が六位、そしてこのロサンゼルス五輪で津田晴一郎が五位、金恩培が六位という素晴らしい成績を残してはいたものの、メダルにはあと一歩が及ばなかった。ロサンゼルスでは前評判の高さからも、入賞だけでは物足りないと感じるスポーツ関係者の落胆がそこにはあった。

報告書の締め括りには「マラソンは日本にとって最も有望な種目の一つであると一般にいわれているから、恐らくその日は案外近きにあろう」と記されている。オリンピックマラソンでのメダル獲得の期待は、次のベルリン五輪にまで持ち越されることになった。

内鮮融和政策の影響

ロサンゼルスの同胞らに歓迎され朝鮮人選手らが触れた朝鮮民族のナショナリズムは、国家を代表するスポーツ選手がどのような意味を持つのかを考えるうえで重要である。ただ金恩培が晩年に語っているロサンゼルス五輪の印象は強烈な民族意識よりも、もう少し穏やかなものであり、スポーツ選手として活躍し、同胞に喜んでもらえたことに満足するものだった。金恩培は当時のことを次のように振り返っている。

高普生として他の人が着ることのできないオリンピック選手団の団服を着て、汽船に乗って、ロサンゼルスに向かって航海するなか、船上では毎日練習し、現地に到着すると在美同胞たちの歓迎！初めて味わう洋食、マラソン街道で熱烈に応援してくれた姿！国内の国民の声援によってオリンピック大会初入賞者となって戻って来ると、国民とともに母校の校友たちが熱烈に迎えてくれたそのときのことが目に浮かぶ。

（『養正体育史』）

この回想のなかでは、日本代表選手としてマラソンを走ったことに対する嫌悪感や抵抗感はさほど感じない。一九八〇年に述べたものであることから、「国民」という言葉を使用してはいるが、一九三〇年代の朝鮮では「民族」だっただろう。

当時を思い出すときに、朝鮮の人々の喜ぶ姿や応援してくれた記憶が印象的に残っているためか、日本の代表選手であったことに違和感を覚える記述ではなく、代表であることを肯定的に受け止めている雰囲気がうかがえる。選手としてはただその時々の競技に専心し、応援してくれる人々の期待に応えることを目指すのみであった。

では彼らの存在はどのように語られていたのだろうか。

帝国日本の領域に含まれる朝鮮半島では三・一独立運動（一九一九年）の前後で、朝鮮総督府当局のスポーツへの対応に変化があった。三・一独立運動後の植民地朝鮮では文化政治の下、内鮮融和政策が推進され、その影響がスポーツにも及んでいた。

例えば全国中等学校優勝野球大会（夏の甲子園大会）では、一九二一年から朝鮮、満洲の代表チームが参加しているが、そのときの経緯は次の通りだった。

朝鮮大会は既に第二回当時に創設する計画が成り、優勝旗まで出来ていたのであるが、朝鮮総督府の学務局が「内鮮人融和のためには努めて対立的感念を持たせぬようにしなければならぬ、従って仮令《たとえ》野球競技であっても、内地人と鮮人が各一団を成して勝敗を争うが如き場合ありとすれば、統治上甚だ面白くない結果を来す虞《おそれ》があるから、この大会は許すこと罷《まか》りならぬ」とあって差止められて了《しま》った。其処《そこ》は見方の相違で、一方から見ればそうした事勿《ことなか》れ主義一点張りで進むよりも、野球とか庭球〔テニス〕とかの競技によって、内鮮人を相互に親しましめる機会を与えた方が、却《かえ》って融和を早くするわけでは無いかとも思われたのであったが、いわゆる泣く児と地頭には何とやらで、本計画はお流れになったまゝ五年を経過し、この大正十年に至って漸く許可されたのである。

（『全国中等学校野球大会史』）

一九二五年に始まった朝鮮神宮大会も内鮮融和が目的であった。植民地統治のうえで三・一独立運動のような朝鮮人の民族運動を起こさせないこと、民族運動を収束させていくことが植民地権力にとって最優先の課題であった。

ロサンゼルス五輪に参加した金恩培と権泰夏は当時以下のように語られる。

現に昨年は世界オリンピック大会に、日本代表選手として、朝鮮から金恩培と権泰夏の二君がロスアンゼルスの世界競走場にマラソン選手として出場した。斯《こ》ういうことは殊《こと》に朝鮮の若い人達に非常に良い刺激を与えている。

斯《かく》の如き意味に於《おい》て朝鮮の若い人達に非常に結構なことで殊にそれが誤られずよく指導されて行ったならば思想善導の上からも、内鮮融和の点からも最も良いことの一つであろうと考える。兎《と》に角《かく》現在の朝鮮のスポーツは本当のスポーツ精神に立脚して向上発展しておるということを強調したいのである。（「スポーツと内鮮融和――内鮮の理解は運動から」『朝鮮同胞の光』）

体育・スポーツが思想善導に寄与するものであるという認識は日本でも植民地朝鮮でも共通していた。ただ融和が語られるのは、当然のことながら満洲、朝鮮、台湾などの外地においてである。先の発言は競技力が向上している朝鮮スポーツ界の状況を説明しようとするものではあったが、金恩培と権泰夏が日本代表選手としてオリンピック参加したことは内鮮融和を象徴する出来事としても理解されていた。

2　日本代表選手への選出――ライバルと民族の優秀性

困窮する学生生活

東京でのロサンゼルス五輪代表選考会の後、孫基禎は新義州に一旦戻り、六月五日に新義州で開催された新義州市民陸上競技大会のマラソンに出場している。この大会のなかで最も注目されたのがマラソンだった。

孫基禎は地元で「朝鮮の選手」として紹介され、見事に優勝している。オリンピック出場を逃し、失意の時期ではあったが、初夏の故郷の風を感じながら数ヵ月ぶりに新義州の町を駆け抜けたのだった。競技が終わると故郷を後にして孫は京城へと戻る。

金恩培と権泰夏がロサンゼルスへ向かい、オリンピックに参加している頃、京城で孫基禎は苦難の連続だった。競技の問題ではなく、貧しさゆえだった。スポーツ推薦で入学したとはいえ、生活費も学費も自ら賄う必要があったからである。高等普通学校に通学できる朝鮮人の多くは富裕層の子弟たちであり、孫の境遇とはまったく異なっていた。

先輩の住居に寄宿させてもらってはいたが、この年七月下旬には大雨が平北地方を襲い、新義州の実家がまた水害に見舞われ、生活の援助を受けることはまず不可能だった。孫は入学して数ヵ月で養正高普を退学するかどうかの瀬戸際にまで追い込まれる。

そんなとき孫基禎はスポーツで名高い龍山鉄道局の陸上競技部から誘いを受ける。就職して仕事をしながら陸上競技を続けることが、そのときの孫にとっては現実的であった。孫の決意を聞いた陸上競技部コーチの徐雄成と主将の柳海鵬《ユ・ヘボン》は、養正陸上競技部を担うことになるエースの突然の決意に驚き、裕福な養正高普生の家庭教師をしながら、その家に寄寓できるように話を進め、なんとか退学は免れた。

その生い立ちから養正高普時代までを通じて、貧しさに耐えながら競技を継続することが、孫にとって最も過酷なことであった。孫はこの貧しさとの戦いと裕福なものたちへの挑戦によってハングリー精神が培われていったといえまいか。

他方で孫は知らず知らずのうちに近代化されていく社会の波に飲み込まれていた。故郷を離れて出てきた京城は一九二〇年代の都市開発が進むなかでモダンな都市文化が芽生え始めており、その京城に身を置くことで自分の境遇と他者との境遇の違い、環境の違いを客観的に見つめざるを得なかった。孫の苦しみは朝鮮の近代的発展によって格差が広がっていく社会とスポーツという近代的な文化での自己実現を希求するなかでより強く実感させられたであろう。

同時に新義州ではさほど強く感じなかった朝鮮人としての民族意識が養正高普という朝鮮人エリート学校に通うことで、芽生えることにもなった。貧しさに耐えることと民族意識との結びつきが裕福で権力を持つものへの対抗意識を高めさせたのではなかっただろうか。

植民地朝鮮でスポーツを行うことは、社会階層の高い人々の生活を知り、その人々の持つ思想に触れるということでもあった。

養正高普で競技を継続できることになった孫基禎は競技成績が徐々に上がっていく。一九三二年九月四日に開催された全満鉄との対抗陸上競技大会では五〇〇〇メートル走に出場して一位となり、九月二一日に京城で開催された日本とフィンランドの国際競技大会にも出場した。一〇月には第八回朝鮮神宮大会に出場し、五〇〇〇メートル走三位、一万メートル走で二位となっている。そして翌一九三三年三月には、昨年二位となった京永マラソンに再び挑戦し、一位となった。ただし、京永マラソンは走行距離が一五マイル（約二四・一キロ）であり、フルマラソンへの挑戦は半年先のことになる。

マラソンへの挑戦と朝鮮のライバルたち

ロサンゼルス五輪後の朝鮮では、孫基禎とともに長距離種目で活躍する養正陸上競技部の先輩南昇龍がいた。

のちに孫とともにベルリン五輪に出場し、三位に入賞する選手である。孫と同じ一九一二年に全羅南道順天で生まれた南は一九三一年と三二年の二年間を養正高普で過ごしている。もちろん養正陸上競技部に所属し、前述の阪神駅伝などにも出場し、養正チームの優勝に貢献していた。ロサンゼルス五輪のあった一九三二年に開催された第八回朝鮮神宮大会のマラソンでは、二時間四八分三五秒のタイムで優勝している。さらに翌三三年の第九回朝鮮神宮大会のマラソンでは全南代表として大会に出場して、孫に敗れたものの二位でゴールしている。その後日本で開催された第七回明治神宮大会へと出場し、同大会でも楠《くすのき》好蔵《よしぞう》に続き二位の成績を残した。この時期の競技成績を見ると南昇龍の安定感は抜群だった。

南は学業不振のため一九三三年三月には養正高普を退学せざるを得なくなったが、その後

朝鮮神宮大会マラソンの歴代優勝者と優勝タイムの変遷、1927～42年

回数	年度	優勝者	タイム
3	27	馬凰玉	3時間29分34秒
4	28	馬凰玉	2時間57分34秒
5	29	李成根	2時間39分57秒
6	30	李成根	2時間36分50秒
7	31	金恩培	2時間26分12秒＊
8	32	南昇龍	2時間48分35秒
9	33	孫基禎	2時間29分34秒
10	34	孫基禎	2時間32分19秒
11	35	柳長春	2時間31分24秒
12	36	柳長春	2時間35分48秒
13	37	柳長春	2時間30分36秒
14	38	柳長春	2時間44分9秒
15	39	李在天	2時間44分6秒
16	40	金圭福	2時間50分18秒
17	41	李鍾禄	2時間31分26秒
18	42	木本在天	2時間35分27秒

註記：＊非公認だが世界最高記録

渡日して一九三四年に明治大学へ入学し、同校競走部で活躍していく。翌一九三五年から三七年にかけては三年連続で箱根駅伝にも出場していた。

南昇龍以外にも、この時期、朝鮮人陸上中長距離の選手として台頭してきた選手がいた。柳《ユ》長《ジャン》春《チュン》である。一九〇七年生まれの柳はいわゆる実業団選手であり、朝鮮総督府逓信局に勤務していた。彼の一九三四年三月から五月までの活躍は孫基禎を凌ぐものだった。

まず一九三四年三月に開催された第四回京永マラソンで孫の二連覇を阻んで初優勝を果たすと、次に四月に開催された第一〇回極東選手権競技大会（以下、極東大会）朝鮮予選の一

右から柳長春，孫基禎，白圭福，劉約翰

万メートル走で金恩培の持つ朝鮮記録を破る三二分二五秒二という好記録で優勝した。さらに日本での選考会では日本の強豪選手らを寄せ付けず、一万メートル走で極東新記録で優勝し、日本、中国、アメリカの自治領だったフィリピン、オランダ領東インドが参加して行われる極東大会への出場を決めている。

孫はこの日本での予選会で柳長春に敗れている。孫よりも先に国際大会に出場したのは柳であった。柳は五月にフィリピンのマニラで開催された第一〇回極東大会の一万メートル走で優勝し、孫基禎と並び朝鮮陸上界で国際的にもその活躍が期待されるようになっていた。その後、柳は一九三五年の第一一回から第一四回の朝鮮神宮大会のマラソンで四連覇している。

このようにロサンゼルス五輪後、一九三〇年代の朝鮮陸上界の中長距離走を代表する選手は金恩培から孫基禎、柳長春へと移り、加えて明治大学に進学した南昇龍が権泰夏に代わって明大競走部所属の朝鮮人選手として活躍し、一九三六年のベルリン五輪を目指していた。

孫基禎は先述したように一九三三年三月の第三回京永マラソンで優勝したが、まだ四二・一九五キロメートルのフルマラソンを走ったことがなかった。孫基禎がフルマラソンを初めて経験したのは、一九三三年の第九回朝鮮神宮大会である。

孫は初参加のマラソンで二時間二九分三四秒の好記録で優勝する。これはファン・カルロス・ザバラがロサンゼルス五輪でマークした二時間三一分三六秒を大幅に更新するものであったが、コースが非公認であったため公認記録とはならなかった。金恩培が第七回朝鮮神宮大会のマラソンで世界最高記録を出したときと同様である。

孫は第七回明治神宮大会へと出場したが、日本での大会では結果を出すことはできなかった。しかし一九三四年の第一〇回朝鮮神宮大会のマラソンでも優勝し、この大会でのマラソン二連覇を達成している。孫のパフォーマンスはさらに翌年加速度的に上がっていく。

優生学と民族の優秀性

一九三五年は植民地朝鮮でこれまで以上に朝鮮人アスリートたちの注目度が上がった年だった。

一九三四年にアメリカへ渡っていたボクシングの徐廷権《ソ・ジョングォン》がエバーラストの拳闘年鑑でバンタム級六位にランキングされ、極東アジアで初めての世界ランカーとなっていた。さらに一九三五年の一月には明治大学に留学していた金正淵《キム・ジョンヨン》、張祐植《チャン・ウシク》、早稲田大学に留学していた李聖徳《イ・ソンドク》の三名のスケート選手らが、翌一九三六年二月にドイツのガルミッシュ＝パルテンキルヘンで開催される第四回の冬季五輪に出場することが決まった。国際的な活躍が期待される朝鮮人アスリートの登場に朝鮮半島は沸いていた。

当時の植民地朝鮮で民族主義者を代表する朝鮮知識人のひとり呂運亨《ヨ・ウニョン》は「体育と競技」と題する演説のなかでスポーツについて述べている。そこでは「より立派で逞《たくま》しい国民（民族）を作り上げるために運動を行わなければならない」と、優生学的見地からスポーツの重要性を語っていた。一九三四年に朝鮮では朝鮮優生協会が朝鮮人医師李甲秀《イ・カプス》によって設立されるなど、優生学が被支配民族の知識人らにとっては自民族を改良し、改善することの正当性を説明する根拠にもなっていた。

優生学はナチス・ドイツのゲルマン民族の優秀性を謳《うた》うドグマでもあり、現在では忌避すべきものであるが、このときの朝鮮民族を代表する者たちには、自らの立場を肯定的に展開し、朝鮮民族をリードしていくための論理的根拠を与える学説でもあった。彼らは朝鮮人スポーツ選手の活躍に民族の優秀性が現れると考えたのである。

ゆえに国際的なレベルで活躍するこうした朝鮮人選手らは、民族の優秀性の現れだと読み替えられ、個人の能力に帰すのではなく、民族の代表として語られるのだった。

朝鮮知識人にとって国際社会で朝鮮民族が認知され、より広範に知らしめる「世界で一番になること」は、植民地支配を批判するために必要とされた。スポーツはそれを証明するための近道のひとつであった。朝鮮知識人のなかでは身体と民族と優生学は有機的に結びついていたのである。

ベルリン五輪日本代表候補への道

一九三五年、ベルリン五輪の前年に孫基禎は飛躍する。三月に日本で開催された全国マラソン連盟主催神宮新コースマラソン大会に出場し優勝したのである。孫はスタートから先頭に立つとスピードに乗って快調に走り続け、後半は若干失速したものの非公認ながら二時間二六分一四秒という当時の世界記録を大幅に上回る記録を打ち立てた。

この大記録は日本・朝鮮で驚異的なものとして受け止められた。新聞では「大記録」「超人」という見出しが躍った。ただ新コースで正式な計測が行われていないこともあり、実距離に疑問が付されてもいた。だがそれでも新コースを疾走した孫のスピードに競技関係者らは刮目《かつもく》した。この優勝で孫は日本のオリンピック代表候補のひとりとして一気に注目を浴び始める。孫は日本の陸上競技界に彗星の如く現れたのであった。

　孫基禎の勢いは止まらない。京城に戻った孫は四月二七日に開催された全国マラソンデー京城大会に出場し、三月の記録を上回る二時間二五分一四秒で優勝し、再び非公認ながら世界最高記録を更新した。翌五月は朝鮮体育会主催の第三回フルマラソン大会（京水街道マラソン）に出場し、四月の記録をさらに上回る二時間二四分二八秒を記録している。孫の一九三五年上半期のパフォーマンスは非常に高く三月から五月まで毎月連続してフルマラソンの大会に出場しては好記録をマークしていく。

朝鮮의피디피더스
"超人孫基禎"
마라손世界最高記錄樹立의詳報
孫基禎(養正)2時間26分14秒

「超人孫基禎」と神宮新コースマラソン大会での世界記録を報じる紙面，『東亜日報』1935年3月24日

　七月には日本で第八回東西対抗陸上競技大会に出場している。しかしこの大会のマラソンではいいタイムが出

ず四位だった。養正高普の試験がこの時期に重なったためにマラソンの練習ができなかったからだという。

九月は日本陸上選手権の朝鮮予選のマラソンに出場した。この予選会でのタイムは二時間四二分二秒と上半期の勢いからは遠かったが一位となっている。

一九三五年の締め括りは恒例のスポーツ大会となっていた朝鮮と日本で開催される二つの神宮大会であった。一〇月は二連覇を果たしている第一一回朝鮮神宮大会のマラソンに臨んだ。この大会で孫の前に立ちはだかったのは柳長春だった。柳は二時間三一分二四秒の好記録を出して優勝し、孫は二時間三三分三九秒の記録で二位だった。

世界最高記録で代表へ

一一月三日に日本で行われた第八回明治神宮大会はオリンピック第二次予選も兼ねていた。この競技の結果次第でオリンピック代表候補が決定されることになる。中長距離走の種目には朝鮮代表として一万メートル走に柳長春が、マラソンには孫基禎が出場していた。マラソンのコースは、明治神宮競技場をスタートし、多摩川に架かる六郷橋を折り返して、明治神宮競技場へと戻ってくるものだった。

一〇時五五分、マラソンがスタートした。スタートから鈴木房重《すずきふさしげ》が先頭に立ち、鈴木のリードでレースは進む。その後に孫基禎、中村信市、塩飽玉男、楠好蔵が続いた。大森神社を過ぎた辺りからレースは動き始める。鈴木はここで後方に落ち、孫と中村が先頭に並び、その後ろを塩飽、相良が若干の遅れで追い、さらにその後方に鈴木、楠、南昇龍がついていく。

折り返し地点を中村と肩を並べて走っていた孫は、後半の勝負に出る。前半にレースが動いた大森神社近くで先頭に立ち、そこから一気にペースを上げていく。二番手を走る中村は孫のペースについていけない。後方を走るランナーの誰もがそのペースについていけなかった。

後半に失速することのあったレースを参考に、前半のペースを抑えて、後半にスピードを上げて勝負をかけるレース展開を孫は思い描いていた。このマラソンはその思惑通りの展開となった。

孫が明治神宮競技場に入ってきたとき、二時三〇分から始まっていた一万メートル走の決勝レースも同時に行われていた。最後のストレートコースを走る孫のスピードは一万メートル走を走る選手たちのピッチに劣らず、まるで一〇〇メートル走か二〇〇メートル走を走っている選手のようだったという。孫は自分の思い描いたレースを制し、二時間二六分四二秒という世界最高記録をマークしゴールする。これは公認記録となり、孫は世界最高記録保持者となった。

ゴール後、競技場では一万メートル走のレースが続いていた。トップは村社講平、二位には柳長春がつけていた。マラソン完走後であったにもかかわらず、孫基禎は朝鮮の仲間でも、ライバルでもある柳長春を懸命に応援した。柳は一万メートル走の極東記録保持者であった。しかしこの競技は先頭の村社がそのままトップを守り、柳の持つ三一分二五秒二を更新する三一分七秒八の日本新記録で優勝する。二位となった柳長春は三一分五九秒八の好記録ではあったが村社には及ばなかった。

日本と朝鮮の紙面で異なる雰囲気

マラソンゴール後、新聞記者の取材に対して孫基禎は今回のマラソンの感想を次のように語っている。

調子は割合に良かったが、春のレースの時前半に出し過ぎて失敗したので、今日は帰りに出そうと思っていると、変にお腹が痛くなりそうで困った。結局あまり心配しすぎたようですが、気持ちは死ぬつもりでやりました。マラソンは早大の金〔恩培〕君のあとを継ごうと思って二年前からやりました。ただ練習に定まったコースがなく、京城の町を二回廻ると約十五里になるので、それをやっていますが、東京のコースはどうもガソリンが臭くていけません。むしろ雨が降れば良いと思います。オリンピックなど僕にはダメでしょう。

（『東京朝日新聞』一九三五年一一月四日）

孫基禎の凄さは、朝鮮の名門養正陸上競技部に所属していたとはいえ、当時マラソンを指導できるコーチは不在で、孫自らトレーニングを考えて工夫し、メンタル面のケアやコンディションの管理をひとりで行っていたことである。マラソンはコンディション調整が非常に難しい。素晴らしいスピードを持っていても、マラソンの競技成績に浮き沈みがあるのはおそらくこの点にあるのだろう。

孫基禎の優勝後の感想は朝鮮の新聞紙面にも掲載されている。

朝鮮で打ち立てた記録とまた今年度春に循環コースで打ち立てた好記録は、正式な距離がどうであったとしても、自分の実力で打ち立てたことをこのコースで必ず証明してみせるという宿望をもって望み、そこに達してみて、我が故郷、我が母校養正、また先輩金恩培など諸兄の過去がつながっているかのように、責任は将来より大きくなることを感じ、またそのひとつの階段を踏み出したことでようやく気分が晴れました。残る道はさらに険しく、さらに苦しいので、ただ精進して自重するのみです。

（『東亜日報』一九三五年一一月五日）

大会後の孫基禎の感想は日本と朝鮮の紙面で雰囲気がまったく異なる。それぞれの感想が実際に述べられたものであったとしても双方の期待する孫基禎の姿がどのようなものであったのかをうかがうことができる。

ともあれ孫基禎はこの明治神宮大会の結果によって五二名のオリンピック候補選手のひとりとして選抜される。まだ代表候補選手であり、代表確定となる前ではあったのだが、孫はマラソン選手のなかで最も注目され、最も金メダルに近い選手と考えられるようになっていく。のちに『東京朝日新聞』ではオリンピック代表候補選手たちの特集を組んで帝国日本のアスリートたちを紹介しているが、以下の紙面で孫はその生い立ちから競技に臨むまでが紹介されたうえで孫自身の次のような抱負の言葉で締め括られていた。

競技界に芽を出したのは昭和八年〔一九三三〕の明治神宮競技朝鮮予選で二時間二九分三四秒という驚異的記録を出して優勝したときである。しかし東都〔東京〕に上がって失敗、それから以前にまさる猛練習となり遂に世界新記録の樹立となったのだ。「首尾よくベルリンへやってもらえたらベルリン子に君が代を聞かせてやりますよ」とは同君の抱負。

（『東京朝日新聞』一九三六年三月一五日）

3　金メダルの獲得——五輪記録での勝利

帝国日本の一九三六年

一九三六年二月二六日、帝都東京は不穏な空気に包まれていた。二月二三日に降った一〇年ぶりの大雪で帝都は一面雪景色となっていた。午前〇時から四時にかけて、歩兵第一連隊、歩兵第三連隊、近衛歩兵第三連隊の下士官、兵士に召集がかかった。彼らを召集したのは陸軍の青年将校らだった。青年将校らはこの後一四〇〇人の部隊を引き連れ、凄惨な事件を引き起こす。昭和維新を断行するという名目のもとで主要官僚たちを次々と殺傷していったのである。

朝鮮総督も務めた内大臣斎藤《さいとう》実《まこと》、大蔵大臣高橋是清《たかはしこれきよ》、教育総監渡辺錠太郎《わたなべじょうたろう》は無残に殺され、侍従長の鈴木貫太郎は重傷を負う。岡田啓介《おかだけいすけ》首相は義弟が首相と見間違えられて身代わりとなり、難を逃れた。昭和最大のクーデター事件と言われる二・二六事件である。その後、青年将校らは四日間にわたり日本の中枢部を占拠した。

クーデターは未遂に終わったが、二・二六事件が帝国日本に与えた衝撃は大きかった。二・二六事件は単に青年将校が引き起こしたクーデター事件ではない。その根底には帝国日本の社会不安があった。

帝国日本の問題は植民地の問題とも結びついていた。青年将校らは農村部出身者が多く、農村窮乏で苦しむ人々の姿が彼らの決起行動の引き金となった。この時期、農村窮乏から農民を守るという名目で実験的に行われていたのが満洲への移民政策である。満洲の王道楽土という理想郷の幻想は窮乏に喘《あえ》ぐ人々に一筋の希望を与えていた。二・二六事件後、広田弘毅《ひろたこうき》内閣の下で農業移民百万戸移住計画が国策として制定されると、翌年には農村部の人々の多くが開拓民として満洲へと移住していくこととなる。これまでとは違う規模の移住計画が遂行されたのである。

朝鮮では警戒が強まった。「帝都反乱事件」をきっかけとして朝鮮人の民族運動が盛んになる兆しが出てきたのである。特高警察はその動きに敏感だった。

朝鮮人運動に於《おい》ては一時衰退を来《きた》せる民族主義運動は帝都反乱事件を契機として再び台頭の機運を醸成するに至りたるが、更に第十一回オリンピック大会に於ける朝鮮出身選手の優秀性を立証せるものなりとして、斯《かか》る兆候に拍車を加えたるやの感あり、爾来《じらい》内鮮両地を通じて彼等の策動漸く表面化せんとする傾向あるを以《もっ》て今後の動向相当警戒を要するものありとす。

（『特高外事月報』一九三六年八月分）

二・二六事件の衝撃が走った一九三六年は、植民地朝鮮では、「帝都反乱事件」に乗じて朝鮮人の民族運動が再燃することを危険視していた。さらにベルリン五輪での朝鮮人選手の活躍が民族運動の火種となる危険性を孕《はら》んでいると、特高警察は睨《にら》んでいた。統治する側は権力に抗する要素はすべて排除せねばならなかった。

最終選考レースでの二位

帝都は政治的大事件が発生し、そのほとぼりが冷めてはいなかったが、オリンピック代表選考のマラソンは代表候補合宿やその他のレースも含めて続いていた。代表には驚異的な記録を持つ孫基禎が頭一つ抜き出ていることは確かだったものの、当時の日本マラソン界は能力の高い選手らが数多くいた。

マラソンの最終選考は一九三六年五月二一日に行われることになっていた。八名の候補選手に加えて、全国の予選会で好記録を出した選手ら一九名を加えて総勢二七名が最終予選に臨む予定だった。

五月二一日、明治神宮競技場に選手らは集まった。参加選手は二一名だった。コースは前年一一月三日に行われた明治神宮大会と同じだった。午後二時、明治神宮競技場から運命の最終選考がスタートした。緊張に満ちたレースは始まりから誰も動かない。スローペースの展開だった。八ツ山橋付近の約六マイル（九・六キロ）までは先頭の一団に変化はなく静かなレースが続く。このスローペースにさすがに痺《しび》れを切らせて、鈴ヶ森付近で孫基禎が先頭に立ってペースアップを図る。一五名の選手がついてきて、孫は集団に吸収されていった。六郷橋の折り返し地点では彦江、川口、塩飽の順で通過し、孫は少し後方から折り返す。復路に入ったところで、代表候補選手らは次々と落伍しレースは大波乱となっていた。

折り返してから孫基禎はペースを上げる。先頭に躍り出て、独走の様相を見せ始めた。後半は孫を先頭に後方から鈴木と塩飽が追う。レースはそのまま終わらない。八ツ山橋付近を過ぎた頃、それまで六位だった南昇龍がペースを上げてくる。虎ノ門付近で先頭を行く孫をとらえると一気に抜き去った。南はそのまま神宮競技場に戻り、二時間三六分三秒のタイムでゴールインした。孫が二位となり、鈴木、塩飽の順に続いた。孫のタイムは二時間三八分二秒であった。

代表の選考は難航を極めることになった。最終選考で代表候補選手としてもダークホースであった南昇龍が優勝し、入賞者すべての選手の最終選考のタイムが芳しくなかったからである。最終的に代表として選ばれたのは孫基禎、南昇龍、塩飽玉男、鈴木房重の四名である。最終選考の結果を重視した結果であった。ただベルリン五輪に出場できる選手は三名であり、一名は補欠としてベルリン入りすることになる。出場三名と補欠一名は現地で決定することとなっていた。

新義州を経てベルリンへ

ベルリン五輪開催は迫っていた。六月一日にいよいよベルリンに向けて出立する。

孫、塩飽、南、鈴木の四選手にコーチの佐藤君と森田がついて、六月一日午後九時東京駅発の列車で晴れの征途につく事になった。

前日丸ノ内ホテルに集合した選手達はこの日宮城遥拝、明治神宮参拝を終えて幸楽で行われた陸連主催の壮行会に臨み、平沼会長以下渋谷名誉主事、往年の勇者金栗マラソン王、其他多数参会、激励に次ぐ激励の辞あって午後八時に散会、一旦丸ノ内ホテルに帰って午後九時東京駅に現れた、駅頭には関係者多数の見送りあり、世界制覇を目指す吾々の門出に相応しいものがあった。

（『第十一回オリンピック大会報告書』）

マラソン選手団一行は他の選手たちに先駆けて先発隊として東京を発ち、ベルリンへと旅立った。東京から下関へと向かい、関釜連絡船で釜山へ渡り、六月三日に京城へ到着した。京城では朝鮮神宮の参拝を行い、京城運動場で軽く練習を行った。

朝鮮での孫基禎の人気は物凄かった。沿道の観衆は皆孫の応援に駆けつけてきていたという。さらに孫の母校である養正高普では六名への激励会を催し、養正高普の教職員生徒のすべてが激励会に駆けつけて歓迎し、激励した。一行は京城から満洲を経て、シベリア鉄道でベルリンへ向けて再出発した。故郷の新義州を通過するとき、ホームいっぱいに孫基禎を見送る故郷の人々が集まっていた。孫はホームに降り、人々の激励を受け止めてから新義州を後にした。

孫基禎と一行がベルリンに着いたのは六月一七日である。午前に到着し、午後はマラソンコースの視察に出かけている。ベルリン五輪開幕は八月一日、マラソンは九日に行われることになっていた。

ベルリン五輪の開幕

一九三六年八月一日、ドイツの首都ベルリンはオリンピックに彩られていた。街には各国の国旗とオリンピック旗、そしてハーケンクロイツの旗が並び、整然とした雰囲気のなかに祝祭ムードが漂っていた。ベルリン五輪の開会式がいよいよ始まる。

　ウンターデンリンデン街はオリムピック旗とナチスの旗で埋め尽くされて居る。早くも十時頃から陸海軍人、ヒットラーユーゲント（青少年団）等何《いず》れも音楽隊を先頭に歩武堂々一大行進を起し、定めの位置に繰り込む。さしもの大通りも物見高い観衆の為め身動きも出来ぬ雑踏振りだ。

　入場式は十六時開始流石に十余万人を収容する大スタヂオンも全く立錐《りっすい》の余地もない。ツェッペリン号が飛来して景気を添える。開会十分前にヒットラー来場、正十六時にはギリシャの選手を先頭に以下五十余国選手はアルハベット順位、日本は二十五位、主催国独逸は殿《しんが》りで入場。

　十七時二十分、十二発の皇礼砲響く中にオリムピック旗は序〔ママ〕ろに掲揚され、古典的なオリムピックファイヤーは点ぜられ、オリムピックの鐘は胆《きも》にもひびけと許《ばか》りに打ち鳴らされた。（『渡欧記』）

一七時〇三分、ヒトラーによる第一一回オリンピック競技大会ベルリン大会開催の言葉が高らかに宣言されると、スタジアムの人々の多くがナチス式の敬礼でドイツ帝国の一体感を披露した。スタジアムには礼砲が響き渡り、解き放たれた三万羽の鳩はスタジアムの上空を翔《か》けていく。

その姿を観衆が見つめるなかラッパ手のファンファーレが鳴り響く。満場が祭典の雰囲気に満たされたとき、オリンピック讃歌の合唱が始まり、歌声がスタジアムに消えると聖火リレーの最終走者がスタジアムに駆けてきて聖火台に聖火が灯されたのだった。こうして開会式は荘厳に執り行われて終了した。

孫基禎はこの開会式をスタジアムで体験していた。

競技は翌日から始まった。陸上競技は八月二日から九日の一週間かけて開催される。五日には棒高跳決勝で西田修平《にしだしゅうへい》と大江季雄《おおえすえお》が出場し、四時間の熱戦を繰り広げて、それぞれ二位と三位になった。八月六日は三段跳の決勝が行われた。この種目、日本は一九二八年のアムステルダム五輪で織田幹雄が日本人初の金メダリストになると、続く三二年のロサンゼルス五輪でも南部忠平《なんぶちゅうへい》が優勝して金メダルを獲得し、日本代表選手がオリンピック二連覇を果たしていた。この記録をさらに伸ばしたのが田島直人だった。ベルリン五輪の舞台で世界記録となる一六メートルの大ジャンプを見せ、見事金メダルに輝いた。田島は走幅跳でも七メートル七四のジャンプで三位となり、銅メダルも獲得している。

ハーパーの助言とザバラの脱落

マラソンは陸上競技の最終日にあたる八月九日に行われた。この大会の本命はロサンゼルス五輪の金メダリスト、アルゼンチンのザバラであった。

日本から出場する三名は現地で行った試験走行の結果を踏まえて塩飽玉男、孫基禎、南昇龍となった。出場選手発表のとき、鈴木房重はコーチである佐藤秀三郎の決定を微笑んで受け入れたという。いずれにせよ、ロサンゼルス大会と同様、三名の代表選手のなかに朝鮮人が二名出場することになった。

一五時、スタジアムにスタートのピストルが打ち鳴らされ、マラソン競技の火蓋が切られた。

スタートからザバラはハイペースでトラックを回った。競技場を出たのは一五時〇四分、ザバラが先頭で競技場を後にし、三列目からスタートした三名は、孫基禎が二二位、塩飽玉男が四四位、南昇龍が四九位で競技場から出ていった。陸上競技が始まってから天候のすぐれない日が続いていたが、この日は快晴の夏空であり、マラソンは暑さとの闘いともなっていた。

ザバラが先頭のまま序盤のレースは進んだ。六キロ通過した時点で、ザバラ、ポルトガルのディアス、イギリスのハーパー、孫基禎と続いた。一二キロを通過した時点で先頭のザバ

疾走する孫基禎（ランナーの左端）

ラが三九分二一秒と快調に飛ばし、四位の孫は四一分一八秒で先頭のザバラから二分弱遅れていた。ザバラのはるか後方を走っていた孫からはザバラの姿が見えなくなった。焦り始めた孫は前方のザバラに追いつくためにペースを上げようとした。

　その瞬間、ハーパーが「スロー、スロー」と声を掛けてその動きをたしなめたという。ハーパーの言葉で落ち着いた孫基禎は急速なペースアップはせず、ハーパーと並走しながら少しずつ先頭のザバラとの距離を縮めていった。ハーパーと肩を並べて、徐々にスピードを上げ、二位を走るディアスに近づいていく。二一キロの折り返し地点で孫はハーパーとディアスを抜き去り、二位へと順位を上げて先頭のザバラを追い始めた。孫に抜かれたハーパーは二八キロ付近まで孫に離れずに追走してきていた。

孫基禎は折り返し地点ですれ違うザバラを一瞥《いちべつ》し、その表情から終盤にペースが落ちることを予想していた。孫の見立て通りザバラは前半のオーバーペースが祟《たた》り、疲労でペースが落ちていく。三一キロ地点、ハーウェル湖畔に出る森のなかに入り、とうとう先頭を走るザバラをとらえた。疲れでスピードの上がらないザバラが孫の視界に大きく迫ってくる。快調にスピードを上げる孫はザバラを一気に抜き去った。

一〇万人の歓声、五輪記録でのゴール

ザバラを追い抜いた孫基禎のスピードは衰えなかった。並走していたハーパーはすでに横にはいなかった。孫はペースを落とさずにそのままの勢いで観衆の待つスタジアムまで独走する。

ベルリンスタジアムの一〇万人にものぼる大観衆はこの過酷なレースを制する者は誰なのかを心待ちにしていた。すると、ラッパ手のファンファーレとともに一六五センチメートルの小柄な選手がスタジアムに入ってきた。観衆のドッという歓声にスタジアムはどよめいた。一〇万人の大歓声と拍手のなかでスタジアムに入ってきたランナーはスタジアムのなかをそのまま快走しゴールテープを切った。二時間二九分一九秒二のオリンピック新記録だった。

孫基禎はゴールしてから二〇メートルほどそのままの勢いで走り、毛布にくるまれながら尻餅をつくように倒れた。すぐに立ち上がって軽く走り出すと、孫のゴールから二分ほど遅れて、並走していたイギリスのハーパーがゴールし、その七〇、八〇メートル後方には南昇龍が見えた。南は復路で順位を次々に上げ、スタジアムでラストスパートをかけていたのだ。南は二位と一九秒差の三位でゴールインした。

孫基禎はベルリン五輪のマラソンを制した。帝国日本のオリンピックマラソン優勝は金栗四三が初めてマラソンに挑んだ一九一二年のストックホルム五輪以来、日本陸上競技界の悲願であった。二四年の時を経て朝鮮出身の一青年がその夢を実現したのである。

孫がゴールテープを切ったとき、それは孫にとっても、帝国日本にとっても、朝鮮民族にとっても栄光の瞬間であったことは間違いない。

ゴールしてから軽く走っていた孫はマラソンゲートの方向に脱ぎ捨ててあった自分のトレーニングパンツを取りに行き、それを拾い上げてから、詰め寄る各国の新聞記者とカメラマンの前に初めて立った。

孫基禎は勝利したマラソンを次のように振り返っている。

きょうは終始絶好調でした。靴が小さくて足に豆が出来て非常に閉口しました。前半

表彰台に立つベルリン五輪マラソンのメダリストたち　左から南昇龍，孫基禎，アーネスト・ハーパー，1936年８月９日

ザバラが無茶苦茶にスピードを出していたため一千米半ばかり間をおいてハーパー君と一緒に追走しました。後半アヴスから出た坂の入口でヤッと抜きましたが又ザバラが出て来はしまいかとかなり心配し自然スピードが出てきましたが、一緒に走っていたハーパー君が「出すな、出すな」と注意して呉《く》れましたが、その親切をば言葉に言いあらわせぬ位で厚く厚く感謝しております。彼こそ真のスポーツマンで私が優勝できた陰に同君の忠言が随分力になっております。このため後半自分のペースで楽に走ることができました。カイゼル記念塔の付近で豆の出来た足が重く感じて心配したが我慢して押し

切って走り通しました。

（『読売新聞』一九三六年八月一〇日）

喜びに満ちあふれたコメントというよりも、かなり冷静にレースを振り返っている。なお、この孫の回想ではザハラを抜いた後にハーパーに声をかけられたことになっているが、実際は抜く前である。

すぐに授賞式が準備されオリンピックスタジアムの表彰台に孫と南は立っていた。君が代が流れ、センターポールに日章旗が掲げられる。その右側にももう一つの日章旗が上がる。勝者が国家のシンボルに包まれ、そのなかに溶け込んでいく最も重厚でピュアな時間が流れていた。英雄となった勝者にはその時間を拒絶することはできない。

第3章

日章旗抹消事件の衝撃

1936年 8 月

1　異なる熱狂——日本と朝鮮、称賛の相違

観客たちの称讃

孫基禎がゴールした後、軽く走ってトレーニングパンツを取りに行った何気ない姿が海外の人々から称賛された。多くの選手がフルマラソンを走って競技場に倒れ込んで動けなくなるなか、疲れを見せない勝者の姿に威風を感じたからである。ドイツに駐在していた武者小路大使夫人は、ベルリン五輪の日本人選手の評判について次のように述べている。

マラソンの孫さんが帰ってきた時などは、それは大変な拍手でございました。それに外国の選手は疲れて倒れたりしていましたが、孫さんも南さんも自分で走って行って脱ぎ捨てて行ったトレイニング・パンツを取って引き揚げたのなど、私達と一緒におられた各国の外交団の方が「日本人は偉い」とびっくりして、褒めて下さいました。日章旗の揚がる時はもちろんですが、日本人は偉いと褒められる時ほど、心強く思うことはございません。

（『東京朝日新聞』一九三六年八月一一日）

文面からも大使夫人、外交団の人々は孫基禎と南昇龍が、「日本人」を代表するという認識である。ここには孫と南が朝鮮人であるというような民族的差別は見えてこない。オリンピックという国際舞台で活躍した「日本人」勝者たちへのリスペクトのみである。日章旗が掲げられ、君が代が流れる表彰台に立つ空間に与えられた力であると言えよう。観客の視線のなかにある孫と南の表彰台に立つ姿は、「日本人」として映るのだった。この「栄光のとき」は逃れられない空間であり、運命である。このことがその後大きな波紋を呼ぶことになる。

孫基禎がベルリン五輪のマラソンを制し、南昇龍が三位に入賞したことは帝国日本にとって大きな喜びであった。帝国日本は喜びの熱狂で沸き返っていた。ここではまず日本の状況を見てみよう。

日本での称讃

一九三六年八月一〇日の『読売新聞』には「〝マラソン日本〟世界を征服」、「今ぞ成就す二十四年の宿願　孫に輝く〝大会最大の覇者〟　南も憤走して三等に入賞」という見出しが躍っている。金栗四三が挑んだストックホルム大会から数えて二四年目にしてようやく手にした金メダルを称えた。

この日には号外も出ていた。そこには競技場に入ってくる孫基禎の写真の掲載とともに、オリンピック特派員の西條八十が孫のゴールシーンを次のように描写していた。

赫《あか》い夕陽は場内に流れ染めた午後五時半十万の眼は、地下道の口に、磁石のように吸い
寄せられた
その刹那《せつな》!砲丸のように躍り出でた小男!
孫!孫!地下道を走り出て、丘上に燃えるマラソン炬火《きょか》を仰いだ
小さい彼の身体から、流れた全場を圧する大きな影!
拍手、拍手、歓声、怒濤のような歓声!
あゝ、誰れが、今日のこの勝利を期待しただろう
踊れ!起て!歌へ!日本人!
日本は見せた
きょう明瞭《はっき》りみせた
この小男孫のなかに
世界を指導する、躍進日本の勇ましい現在の姿を

(『読売新聞』一九三六年八月一〇日号外)

詩人西條ならではの描写のなかでランナー孫基禎は帝国日本の英雄として描かれている。

この号外の二面には佐藤秀三郎コーチのインタビューと孫基禎と南昇龍のインタビューも掲載されている。

勝因を尋ねられた佐藤は「お互いに面白くないこともあったでしょう。しかし誰もそれを顔に出さずに、みんなが全国民諸君の熱望にこたえるために強く精神的結合をしてくれたからだと思います」と述べ、チームワークと結束の強さを述べていた。孫と南はそれぞれ少しずつインタビューに応えているが、孫はスピードを出そうとしたところをハーパーの忠告に助けられたと語り、南は明治大学入学を勧めてくれた鈴木武との電話で「先生のいわれたとおりに楽に自分の調子で走りました」と述べ、鈴木への感謝を述べていた。

他紙でも孫基禎と南昇龍の勝利に関する記事であふれていた。八月一〇日の『東京朝日新聞』には「マラソン廿四《にじゅうよ》年の宿願成る」、「世界に誇れ！孫選手　見事一着・日章旗輝く　南選手も堂々三着」とあり、マラソンの競技経過の詳細、孫基禎や二位となったハーパーの談話なども掲載している。ハーパーは孫のことを「頭の先から足の先までパワフルな選手だという以外に評し様がない」と語っていた。

地元朝鮮の声とレコード企画

さらに第一面には孫基禎や南昇龍の母校である朝鮮の養正高等普通学校の安鍾元《アン・ジョンウォン》校長が喜びで涙する様子を掲載するなど両選手の地元朝鮮の声も報じている。南昇龍についても「義俠《ぎきょう》に酬《むく》いた南君　東京の恩を伯林《ベルリン》で」という見出しの記事が掲載され、ここでも南が鈴木武のおかげでベルリン五輪のマラソンで活躍できたことに感謝している旨の記述が見られる。

翌八月一一日には孫基禎と南昇龍の勝利「半島選手の勝利」が掲載された。

オリムピックの陸上競技は、マラソンの優勝によつて、華々しき幕を閉じたのであるが、その日章旗の掲揚が、半島選手の健闘によってなされたことは、意義深いと思う。それは二十余年の歴史の上に積み重ねられた成績には違いないが、久しく期待され、幾度か逸せられたマラソン日本の栄冠が、半島の新人選手によって「日本」の頭上に載せられたことは、何といっても、特筆されてよいことである。〔中略〕戦争とスポーツ以外にも、芸術と科学と文化的方面に於《おい》ても、来るべき皇紀二千六百年東京大会への四年間に、世界記録への準備をしなければならぬ。内地人と外地人と、心を協《あわ》せ力を集めて、その偉大なる記念塔を築き上げなければならない。

（『東京朝日新聞』一九三六年八月一一日）

この記事内容は意味が深い。勝利に熱狂する記事ではなく、孫基禎と南昇龍の勝利を帝国日本の状況と結びつけた記述だからだ。マラソンにおける日本の栄冠を「半島の新人選手によって「日本」の頭上に載せられた」とは、日本による朝鮮半島の植民地支配の成果を指している。金栗四三のストックホルム大会でのマラソン挑戦から二四年、日本が朝鮮半島を植民地支配し始めてから二六年、四半世紀の二つの成果を勝利に見出そうとしている。当時の植民地政策のスローガンである「内鮮融和」を二人を通して語ろうとしていたのだった。

他方で九月一七日の『東京日日新聞』には次のような記事がある。

> ベルリンのオリムピック大会で孫君がマラソンに優勝したことは、二十余年来の国民の待望を成し遂げ耐久制覇の原因が軀幹《くかん》の大小によらずして身神の鍛錬に基ずくものなるを実地に例証した意義深い事象であり、また特に彼が半島出身であることは内鮮融和の一助ともなるべく種々の点から見てまことに慶賀に堪えない次第である。

（『東京日日新聞』一九三六年九月一七日）

孫基禎のマラソン優勝が「内鮮融和の一助」になることが語られ、孫が帝国日本の英雄として扱われようとしていた。

実は孫基禎のマラソン優勝後、孫と南のマラソンの功績を記念したレコード（音声作品）の作成に取り掛かることが検討されていた。八月一四日の『読売新聞』にはその一報が掲載されている。テーマは「日本国民としてオリンピックに使して」である。

このレコード企画は日本国民として手本とすべきスポーツ精神が孫と南にあるとし、彼らの勝利の感激をレコードに収め、内地をはじめ朝鮮半島全土に頒布することを企図していた。企画には南昇龍の恩人でもある鈴木武も同意し、朝鮮総督府政務総監に着任する大野緑一郎《おおのろくいちろう》にも持ちかけていた。朝鮮総督府が二人のレコーディングを行おうというところまで話が進んでいたようだが、この後の事件により有耶無耶《うやむや》になったようだ。いずれにせよ二人の朝鮮青年の活躍がどのようにとらえられていたかがわかるだろう。

実際これに類似した企画が雑誌『青年』（一九三六年一〇月号）に掲載されている。「半島の生んだマラソン王　あゝ栄冠の蔭にこの涙」という短編物語である。挿絵入りで掲載されているこの短編は孫基禎と南昇龍を日本人の恩人との関係に基づいて描かれている。孫には峰岸昌太郎、南には鈴木武が登場する。

内容はフィクションということもあるが事実関係が大きく異なる部分が散見される。ただ共通するのは両者とも貧しい暮らしのなかで苦労し、峰岸や鈴木といった日本人からの援助を受けつつ、栄光を摑んだというサクセスストーリーだろう。日本人教員への恩をマラソンでの優勝で報いる朝鮮人孫基禎、経済的支援をしてくれた恩人にマラソンで健闘してそれに報いる南昇龍が描かれ、それは内鮮融和を示すものであった。

朝鮮民族の歓喜

話をベルリン五輪での孫基禎のマラソン優勝に戻そう。

孫基禎と南昇龍のベルリン五輪でのマラソン優勝と入賞の快挙を知った朝鮮民衆は歓喜に包まれた。京城の東亜日報社前には万歳を叫ぶ人々であふれ、孫の母校である養正高普では夏季の休暇中であったのにもかかわらず、学生たちが校庭に出てきて「マラソン孫基禎万歳」を叫んでいた。

孫基禎の優勝と南昇龍の入賞を祝う祝電はやまなかった。連日、孫基禎の実家、南昇龍の実家、養正高普、各新聞社に祝いの伝言が殺到し、朝鮮の各地ではマラソン制覇祝賀会なるものも開催されていたという。

孫の地元新義州では優勝を祝賀した提灯《ちょうちん》行列が大々的に行われるなど祝賀のムードは絶頂となっていた。さらに両者の生活に関わる優遇措置を申し出る人々が出てきた。光州の崔南周という人物は孫、南の両者に一〇〇〇円を贈ることにし、育英会と民族企業家で湖南銀行の設立者である玄俊鎬は学生生活を送る二人の学資の保証を発表した。

その後、養正高普では、同窓会を中心に世界制覇を記念した塔の建設計画が立てられ、各地で孫基禎の優勝を記念して朝鮮内に不足していた体育館の建設なども検討されるようになった。孫と南のベルリン五輪のマラソンでの活躍は朝鮮に社会現象を巻き起こしていた。

八月下旬になると、京城の東洋劇場で「マラソン王孫基禎君万歳」という劇が演じられている。オリンピックマラソンでの快挙が報じられてから第二、第三の孫基禎、南昇龍を目指すべく、京城のあちこちでマラソンの練習に勤《いそ》しむ朝鮮青少年たちの姿が多く目撃されるようにもなったという。自らを英雄と同一視することが朝鮮青年たちには心地よかったのかもしれない。朝鮮の人々にとっては本当にうれしい優勝であり、入賞であった。

オリンピック優勝の意味

「半島の舞姫」と称された崔承喜《チェ・スンヒ》は当時世界を風靡《ふうび》した朝鮮の誇る舞踊家である。彼女は孫基禎のマラソン優勝の報に接して感激した胸中を次のように語っている。

　内地の方が勝つよりそりゃ朝鮮の人が勝ってくれた方が何倍もうれしいですよ。朝鮮の人が全日本のために働いたなんてこんな愉快なことってありません。それは内地の方が鹿児島とか大分とかいって県人だけでかたまる気持ちと同じですね。郷土愛とでもいうもんじゃあないでしょうか。今度戻っていらっしゃったらウンとお祝いしてあげましょう。

（『読売新聞』一九三六年八月一〇日）

崔承喜の喜びは孫基禎が同じ民族、同胞であることからでもあるが、朝鮮人としての民族意識を日本の郷土意識になぞらえながら、無難に読み替えて伝わるように述べている。すでに日本でも名声を博していたゆえに発言の重みを感じながら話したのかもしれない。

孫基禎と南昇龍の活躍は朝鮮民族にとって重要な意味を持っていた。とりわけ朝鮮知識人らには二人の快挙はスポーツでの勝利以上の意味があった。

孫基禎と南昇龍がそれぞれベルリン五輪のマラソンで優勝、三位となった翌八月一〇日、『東亜日報』の号外が発行されている。号外の見出しは「世界の視聴中集裡　堂堂、孫基禎君優勝　南君も三着堂堂入賞へ」とあり、その横に孫基禎の二時間二九分一九秒二、南昇龍の二時間三一分四二秒という優勝タイムと入賞タイムが大きく掲載されている。また東亜日報社前に群がる観衆の様子の写真も掲載され、孫と南の競技の速報を多くの人々が待ちわびていたことがわかる。

下段には朝鮮体育会の尹《ユン》・致昊《チホ》、養正高普の安鍾元校長、ロサンゼルス五輪に出場した金恩培の優勝を祝するコメントも掲載されている。

尹致昊は「孫君の優勝は二十億の勝利」というコメントを寄せ、そこには朝鮮民族のプライドを取り戻した雰囲気が感じ取れる。

尹致昊は植民地朝鮮で民族主義者として活動していた名士である。朝鮮人らで一九二〇年に組織し、継続的に朝鮮民族のスポーツの発展を担ってきた朝鮮体育会会長を務めていた。のちに帝国日本が総力戦体制へと進んでいくなかで対日協力者へと転向するが、このときの孫基禎の優勝に際しては朝鮮民族の優秀性を全世界に示したことに喜びを隠せなかった。

翌日の夕刊には「世界制覇の朝鮮マラソン　孫・南両選手の偉業」という社説が掲載され、「朝鮮の息子である孫南両君は勿論世界に誇るに値する鉄脚も持っているうえに、世界制覇するさらに固い意志を持っているのである。両君の優勝はすなわち朝鮮の優勝であり、両君の制覇はすなわち朝鮮の制覇である」（『東亜日報』一九三六年八月一一日）と記されている。ここでも二人のメダル獲得が朝鮮民族の優秀性へと結びつけるものとなっている。

『朝鮮日報』（八月一一日）朝刊第一面には「朝鮮男児の意気　孫基禎の壮挙」という社説が掲載された。そこには以下のような記述がある。

我々は今回の孫、南両君の勝利をもって民族的一大栄誉を得ると同時に民族的一大自信を得たのである。即朝鮮のあらゆる環境は不利であっても我々の民族的に受けた天稟《てんりん》は他のどの民族より先行できないようなことはなく、努力さえすればどのようなことであっても成就しうるのである。我々はすでにスポーツにおいて世界の班列に参席する資格を得たうえに、今後文化的、道徳的、其他あらゆる方面にあっても世界的水準に達する日がくることを信じるのである。

（『朝鮮日報』一九三六年八月一一日）

スポーツでの勝利が民族の自信を取り戻すきっかけとなっている。さらに第二面には「朝鮮の勇名は世界に　偉大なる我々の新英雄　朝鮮青年の新しい歴史を打ち立てる　民族歓喜三千里に充満」という見出しで二人の活躍が大きく取り上げられていた。孫と南が民族の英雄として朝鮮民族を代表してくれていることを強調するものばかりであった。

『朝鮮日報』の同日夕刊第二面には「スポーツ朝鮮最大の感激！」、「表彰台の両君　燦！月桂樹授与式　ヒトラー総統、孫基禎の劇的握手場面」、「新義州の戦勝気分」などの見出しが躍り、朝鮮知識人のひとりでもある兪億兼《ユ・オッキョム》の談話も掲載されている。祝電が殺到している様子も紙面から見て取れる。

『朝鮮中央日報』八月一一日の社説でも「マラソン制覇　孫南両君の偉功」という記事が掲

載され、第四面では「オリンピック『マラソン』に勝利した孫南両君の快報を聞いて」と題した記事で、二人の活躍が朝鮮民族にもたらす影響について言及している。孫、南の勝利によって東洋の事情を知らない外国の人々に朝鮮民族の存在を知るきっかけになったとしていた。

当時の朝鮮の人々の歓喜は単にスポーツの勝利の喜びだけではない。もちろん孫基禎の優勝を称え、その勝利に朝鮮民衆が熱狂したことは事実であろう。しかしそれ以上に彼らの勝利から民族としての自信と優秀性を見ようとしていた。

植民地支配を受ける朝鮮の人々にとって、支配が正統化されている状況に対するコンプレックスは強かった。そこに孫基禎が一筋の光をもたらしたのである。朝鮮民族は世界に伍する優秀な民族であると。ただそれを訴えるには孫基禎が帝国日本の英雄ではなく、朝鮮民族の英雄である必要があった。

2 消された「日の丸」——朝鮮知識人たちの抵抗

『東亜日報』で消えた日の丸

孫基禎のベルリン五輪での優勝は日本と朝鮮ともに熱狂したがその認識には明らかな違い

があった。この状況が一大事件を引き起こすことになる。いわゆる日章旗抹消事件である。朝鮮側の民族主義的な傾向がこの事件を引き起こしたと考えていいだろう。一九三六年は先述したように二・二六事件の結果、左翼運動、右翼運動、民族運動への警戒感が増していた。そのなかで起きた事件だった。まず事件の概要を確認しておこう。

孫基禎がベルリン五輪で優勝した一九三六年八月九日から半月ほど経った二五日、『東亜日報』夕刊に表彰台の孫基禎の写真が掲載される。だが胸にあるはずの日章旗の日の丸がボケており日章旗として判別できないように掲載されていた。写っていたはずの日章旗が消されていたのである。同日の朝刊には、孫基禎と南昇龍、ハーパーの三名が並んだ写真が掲載され、そこでは孫と南の胸にはっきりと日章旗の日の丸が写っていた。夕刊の写真から日章旗が消されたのは意図的なことが明らかだった。

この日章旗抹消を主導したのは李吉用《イ・キリョン》。当時東亜日報社のスポーツ記者であった。李吉用は東亜日報社が設立された一九二〇年の翌年に運動部の記者として同社に入社した。一旦朝鮮日報社に勤めるも、再び東亜日報社に復帰し、スポーツに関する記事を『東亜日報』や同社が発行する『新東亜』などに執筆していた。一九二五年には朝鮮人で組織した朝鮮体育会の委員も務め、各種スポーツ大会の運営などにも携わるようになっていた。

京畿道警察の報告から事件の詳細について見てみよう。

事件の二日前である八月二三日、東亜日報社は京城府民館で孫基禎と南昇龍のマラソンの写真を集めたベルリンオリンピック映画の上映を五時頃から予定していたため、その催しの広告記事での掲載を検討していた。李吉用はその下段に孫基禎がマラソンで優勝したときの写真を入れようと、八月二三日付の『大阪朝日新聞』に掲載されていた孫の写真を切り抜いて調査部所属本報専属画家の李象範《イ・サンボム》に渡す。このとき李吉用は李象範に孫の胸にある日章旗をボカして見えないよう修正してもらいたいと依頼した。

このときのやり取りについて『東亜日報社史』は「李吉用体育部記者が調査部所属本報専属画家李象範記者に日章旗処理を議論したのだが、そのとき二人はただにっこりと笑っただけで特に言葉を交わすことはなかった。以心伝心、差し出した者も受けた者も互いに意思が疎通していた」（『東亜日報社史巻一』）と記す。

依頼を受けた李象範は原画に着色し、写真課長の申楽均《シン・ナッキュン》にその写真を提出する。八月二四日午後二時半頃、編集局社会部記者の張龍瑞《チャン・ヨンソ》が写真部室に入ってきて、申楽均と写真部の徐永浩《ソ・ヨンホ》に対して、まだ日章旗が残っているので十分に消すようにと依頼したとされている。徐永浩は多量の青酸カリ溶液を使い孫基禎の胸の日章旗を消し、印刷部へと回した。

新聞刷りが始まると、一版目は総督府の事前検閲通りはっきりと胸に日章旗の日の丸がわかる写真であったが、二版目からは孫基禎の胸の日章旗がなくなっていた。

『東亜日報』（1936年8月25日）に掲載された孫基禎．右が朝刊（中央），左が夕刊紙面

当局に日章旗抹消の事実が判明すると、関係した東亜日報社の社員数名が呼び出され、取り調べが行われた。その結果「民族的意識に基く計画的不逞の行為」であることが判明し、新聞紙法第二一条が適用されることになる。すなわち「新聞紙は犯罪を煽動若《もしく》は曲庇し又は犯罪人若は刑事被告人を賞恤《しょうじゅつ》若は救護し又は刑事被告人を陥害するの事項を掲載することを得ず」という条文に抵触したものとみなされたのである。

　このときの李吉用らの供述内容は以下から確認できる。

　吾が東亜日報紙は朝鮮民衆を対

象として創刊、今日に及べるものにして、朝鮮民族の意思に反する記事編集は之《これ》を差控《さしひか》えざるべからざる使命を有するものと信ずるが故に、日章旗を該写真に表出するが如きは、朝鮮民衆たる読者が之を歓迎せざるのみならず、吾が社内に在りても、此の空気あることを察知し、斯《かく》の挙に出たるものなりと。

尚、今回のオリムピック大会に孫基禎が世界記録を破って優勝したる事実に対し、彼等は孫基禎は朝鮮人なるに不拘《かかわらず》、朝鮮民族の代表者としてオリムピックに出場優勝したりと世界に発表する事が出来ず、日本が優勝したりと発表せざるを得ざるは吾々朝鮮人としては甚《はなは》だ慨嘆に堪えざる事にして、吾が社に於《おい》ても大多数の社員が此《こ》の肯《こう》を語り居れりと供述したり。

（「東亜日報ノ発行停止ニ関スル件」、『警察情報』）

ここからも明らかなように李吉用を中心とする東亜日報社の社員らは孫基禎の胸の日章旗を消すことで朝鮮の人々の期待に応え、帝国日本の英雄を朝鮮民族の英雄として取り戻そうとしたのである。

社長宋鎮禹の苦悩

宋鎮禹《ソン・ジヌ》は日章旗抹消事件当時、東亜日報社の社長であった。経営が順調だっただけに経営陣はこの事件の発生に動揺する。

宋鎮禹は東亜日報社の存続をかけた策を講じて奔走した。宋がまず会いに行ったのは、東京から京城に戻ってきていた李英介《イ・ヨンゲ》だった。李英介は日本人と強力なコネクションを持つ人物だった。総力戦体制期には金剛航空株式会社の代表を務め、大日本皇道会の理事も務めている。それらの活動により解放後は親日派として認定されている。

宋鎮禹は李英介に白上佑吉《しらかみゆうきち》と会わせてもらえないかと仲介を依頼した。白上佑吉は一九一九年八月に富山県警察部長から朝鮮総督府事務官として朝鮮に渡り、二〇年五月には警務局保安課長に任じられていた人物である。

白上は朝鮮総督府が三・一独立運動後、斎藤実総督のもと文化政治を進めるなかで統治する立場から朝鮮人の民族紙の必要性を訴え、一九二〇年四月の『東亜日報』創刊を後押ししていた。白上の実兄は陸軍軍人でのちに首相となる林銑十郎《はやしせんじゅうろう》である。林は満洲事変時の朝鮮軍司令官であり、斎藤内閣、岡田内閣時代には陸軍大臣も歴任していた。宋鎮禹は白上の東亜日報社への理解とその人脈の太さから東京への働きかけを期待していた。

宋鎮禹は李英介に「今度の事件で、南《みなみ》〔次郎《じろう》朝鮮総督〕はどうしても東亜日報をつぶしてしまう腹でいるらしい。そこで、これを防ぎ救うためには東京の中央政府要路に働きかける以外に道はないと思うのだが、それにはどうしても貴君の力が必要だ」（『毎日新聞』一九七五年一月二四日）と告げ、李は宋の言葉を受けて白上を紹介する。

特高警察が監視する網の目をかいくぐり、東京へと向かった宋鎮禹は白上佑吉と面会する。白上の前で宋は『東亜日報』の存続を熱く訴え、廃刊を避けたい旨を伝えた。白上はその訴えに深くうなずいていたという。結局、『東亜日報』は廃刊を免れたものの、八月二九日に総督府警務局の命により停刊を余儀なくされる。

『東亜日報』の停刊理由

経営者らの奔走にもかかわらず、日章旗抹消事件の影響は大きく、停刊は避けられなかった。日章旗抹消事件に新聞紙法第二一条を適用したその理由と事件の顚末《てんまつ》を総督府警務局の報告から確認しておきたい。

東亜日報社に対して『東亜日報』の発行停止処分を通達後、総督府の警務局長は以下のような発表をしている。

東亜日報は今回発行停止処分に附せられました。先日伯林《ベルリン》に開会されました世界オリムピック大会のマラソン競技に我が朝鮮出身の孫基禎君が優勝の月桂冠を勝得た事は我が日本全体の名誉であって、内鮮共に大に祝賀すべきものであり、且《か》つ又内鮮融和の資となるべきものでありまして、苟且《こうしょ》にも之《これ》が逆用せられて少しでも民族的対立の空気を誘致するようなことがあってはならないのです。

然《しか》るに事実は新聞紙等の記事にして動《やや》もすれば対立的感情を刺激する如き筆致に出するものがあるのは、一般に遺憾とせられて居った処であります。然るに東亜日報に於《おい》ては従来縷々《るる》当局の注意があるにも不拘《かかわらず》、八月二十五日の紙上に孫基禎君の写真を掲載したのでありますが、その写真に明瞭に顕《あら》われねばならない筈《はず》の日章旗のマークが故意に抹消された形跡があったので、即時差押処分に付して其の実情を取調べました所、右は八月二十三日付大阪朝日新聞に掲載せられた孫基禎君の写真を転載するに際し、日章旗が新聞紙上に現われることを忌避《きひ》して故に技術を用いて之を抹消したことが判明するに至ったので、遂に其の新聞紙に対し発行停止処分をせらるゝに至ったのであります。申す迄も無く此の如き非国民的態度に付ては将来共厳重なる取締を加える方針でありますが、一般に於ても誤りの無い様に注意して貰い度《た》いと思うのであります。

（「孫選手のマラソン優勝と日章旗マーク抹消事件」『緑旗パンフレット第五輯』）

この警務局長発表に表れた日本側の認識は先にみた日本の新聞報道と同様の認識であることがわかる。すなわち孫基禎の優勝は帝国日本の勝利であり、この優勝は「内鮮融和」に資するべきであり、民族的対立に利用してはならないというものである。日章旗を消す行為が朝鮮人に民族運動の再燃を煽《あお》り、日本人にも対立的感情を芽生えさせる点で、その行為の不法性が認められている。

東亜日報社は掲載の四日後の八月二九日付をもって発行停止処分となった。植民地期における発行停止処分はこれで四度目であった。ただこのときの発行停止処分は九ヵ月間という長期間に及び、経営のうえでの損害は甚大だったという。

孫基禎の優勝について朝鮮民衆の期待に沿った民族主義的な報道を行うことは植民地社会の安定を望む総督府当局にとっては当然危惧せざるを得ない事態であった。さらに日本の象徴である日章旗を抹消する行為は感情的にも許されなかった。日章旗抹消事件は帝国日本のなかの支配－被支配という関係から生み出された互いのプライドがぶつかり合った事件でもあった。

親日団体の声明

警務局長の発表に呼応するかのように、大東民友会が、以下のような声明を発表している。なお、同会は民族主義から親日派に転向した者たちの保護救援を目的とした朝鮮人たちの親日団体である。

吾人は先《ま》ず孫君の優勝を朝鮮人のみの栄誉とする偏狭な態度を拒否しなければならぬ。孫君の出場が日章旗の下で行われ、その競技の勝利が日章旗の翩飜《へんぽん》と全日本国民の歓呼の中に於《おい》て獲《え》られたところのものであると云うことを忘れてはならぬ。今回の孫君の優勝を通して内鮮両族の心臓と心臓とを貫く共通の歓喜と感激とが如何に両民族の感情と情緒の融合とを齎《もたら》したことかを忘れてはならぬ。

〔中略〕

上述の如く孫君は日本選手の資格を以《もっ》てオリムピック大会に出場したと云うことは今更繰返すまでもなく、又その勝利が日本選手の資格に於て獲られたと云うことも已に世界の認むるところ茲《ここ》に呶々《どど》する必要さえもないのであるが前記東亜日報は件《くだん》の写真を掲載するに当り、故意に日章旗の胸章を抹消するの暴挙を敢えてしたその動機たるや殆《ほとん》ど児戯《じぎ》に等しきものありとするも、その結果は実に由々しきものがある。

（「大東民友会の結成竝其の活動概況」『思想彙報』第一三号）

ここでも孫基禎の優勝は日本と朝鮮の融和を示すものとし、孫の優勝について民族主義的な論調や主張を退けている。孫のオリンピック出場は日本を代表していたのであり、国家という単位を持たねば叶わざる夢となる。世界からの承認は国家が背景にあらねばならず、オリンピックという場はそれが反映される場所だった。

帝国に包摂されている民族は他の世界の人々からはその姿が見えない。朝鮮民族の届かない声を世界が救いあげることはなかった。

「内鮮融和」の実態

日章旗抹消事件は朝鮮総督府による『東亜日報』の発行停止処分で一応の解決をみた。しかしこの事件によって明らかになったのは、孫基禎が世界一となったことを巡って植民地社会の支配―被支配の対立が顕在化したことであり、その対立の解消のためには孫を内鮮融和の象徴として朝鮮の人々に押しつけざるを得なかったことだろう。

では内鮮融和が進んでいれば、日章旗抹消事件は起こらなかったのだろうか。この頃の朝鮮における内鮮融和の状況を確認しておきたい。

この表は一九三六年上半期の内鮮融和状況の調査結果を示したものである。六六〇三名の朝鮮人を調査対象としていた。憲兵による観察調査のため、支配者側の視点ではあるが、融和と疎隔がどのような状況であったのかを把握しようとしていた点は興味深い。調査対象を職業別に分け、内鮮融和の度合いを「真に融和したりと認めらるるもの」、「一時的に融和せ

1936年（1月～6月）内鮮融和状況調査表

区分＼階層	官公吏	有識者	労農層	宗教家	学生	其他	計	歩合(%)
真に融和したりと認めらるるもの	538	431	269	83	382	281	1984	30.0
一時的に融和せるもの	248	414	430	151	399	233	1875	28.4
融和せざるもの	35	113	370	171	127	105	921	13.9
無関心のもの	79	99	877	143	257	368	1823	27.6
調査人員計	900	1057	1946	548	1165	987	6603	
備考　本表は本期間憲兵が直接鮮人に当りて調査したるものとす								

出典：昭和11年前半期朝鮮思想運動概観を基に筆者作成

るもの」、「融和せざるもの」、「無関心のもの」と設定し、その結果からそれぞれの属性に分類していた。

さらに表に見られるように、公職に就いていた官公吏や有識者の多くが融和状況にあると観察されていた。一方で労働者や農業従事者らは融和状況になく、融和できていないか、無関心状態であったものが多数存在していたことが確認される。この調査結果を踏まえたうえで、朝鮮の総人口などから以下のように析出している。

大きく言えば、一部の朝鮮人については内鮮融和を越えた内鮮一体と言える状況の者まで現れていたが、日本人側の「人種的優越感」と朝鮮人側の「民族的偏見」によって内鮮融和状況を作り出すことは困難であった。融和が認められるものはおよそ二割程度、一時的に融和していると見られる人たちは二割五分程度と推測し、これらの人は一種の利害関係で融和が成立している人々であり、詳細に見ていくと融和はされていないとする。まったくの疎隔状況にある朝鮮人は六分程度とし、これらの人々は民族意識を強く持ち、思想や風俗習慣を変えることは難しいとしていた。

最も多いのはやはり内鮮融和に無関心の人々である。彼らは、日本人との関わりがほとんどなく、山間部の人々や下層農民が多かった。これらの人々は「世事に疎く只《ただ》自己の生活安定と幸福を希求しあるものにして一朝利害関係或は主義者の煽動あらんか左右何れにも偏し易」い状況と懸念されていた。この総人口の五割近い無関心層が朝鮮の民族運動へと向かうと、統治側にとっては恐ろしい事態に直面することになる。

こうした内鮮融和の状況調査を踏まえると多くの民衆、特に無関心層に刺激を与えるスポーツの英雄たちの影響は計り知れず、当局は、英雄たちを内鮮融和の象徴とする必要があったのである。

3　警戒対象の人物へ――「招かれざる者」に

太極旗との出会い

ベルリン五輪のマラソンで優勝を果たした孫基禎、三位入賞した南昇龍は、朝鮮で民衆が歓喜し、日章旗抹消事件が起きていたことなど知らなかった。孫は、八月一六日のベルリン五輪閉幕後の一九日に帰路の船に乗った。フランスを経由してイタリアからスエズ運河、ボンベイ（現ムンバイ）、香港などを経て、九月六日長崎に、翌七日神戸に着く旅程だった。この帰国の途に就く前の競技後から一〇日間ほどのベルリン滞在期間に孫は後に大韓民国旗となる太極旗と出会っている。

このときベルリンには安鳳根《アン・ボングン》という朝鮮人がいた。彼は伊藤博文を暗殺した安重根の従兄弟にあたる。だからと言って彼自身が民族運動に奔走していた記録はない。一九三六年二月号の『三千里』には安を紹介する記事が掲載されている。安は身一つでベルリンに渡り、苦労しながら資金をつくり、豆腐屋を営み成功し、豊富な財を手に入れていた。

マラソン優勝後の孫基禎は東亜日報社の特派員としてベルリン駐在中であった権泰夏や鄭商熙《チョン・サンフィ》に連れられて、南昇龍とともに安鳳根が催す歓迎会に出席した。安の自宅に招かれた孫は彼の書斎で太極旗を初めて目にする。

安鳳根氏の書斎に一歩足を踏み入れた私は、そこで、生まれて初めて太極旗と対面した。鮮明な色彩で区分けされている陰と陽。

「これが太極旗なんだ。我が祖国の国旗なんだ……」

そう思うと感電でもしたかのように熱いものが身体を流れていった。弾圧と監視の目をさけ、太極旗がこうして息づいているように、我が民族も生きているんだという確信がわき起こってきた。

（『ああ月桂冠に涙―孫基禎自伝』）

孫基禎は極東の地から遠く離れた地で民族を象徴する太極旗を掲げ、朝鮮民族としてのアイデンティティを感じながら生きている同胞の姿に朝鮮民族を見たのであった。

ヨーロッパに朝鮮の民族運動を行う人々が多くいたことは事実である。一九三三年にジュネーブで国際連盟臨時総会が開催されたとき、代表の松岡洋右が率いる一行に事務嘱託として随行した朴錫胤《パク・ソギュン》はヨーロッパで民族運動を行う朝鮮人たちについて調査するよう外務省から依頼されている。安鳳根が豆腐屋の事業に成功した利益を民族運動を行うヨーロッパの朝鮮人たちへ資金提供していたという報告もある。

海外で生活する同胞の姿、彼らが大切にする太極旗、それらの出会いや経験は孫基禎に影響を与えた。マラソンで金メダルを獲得するまでは海外での知名度がそれほど高くはなかった孫もマラソン優勝後は種々の歓迎会などでサインを求められるようになり、そこではハングルで「손기정」と記し、出身国名は英語で「ＫＯＲＥＡ」と書くのだった。

特高警察の監視

日章旗抹消事件によって孫基禎は当局から警戒される存在となっていた。孫基禎をひと目見たいと朝鮮の民衆が集まり、彼らが民族主義者たちに煽動される可能性があったからである。日章旗抹消事件後の朝鮮で孫基禎帰国の報に警戒感が強まった。

孫基禎への警戒が強まったことを示す史料として内務省警保局の『特高外事月報』がある。一九三六年八月分の『特高外事月報』の「朝鮮人の運動状況」には孫基禎と南昇龍のベルリン大会での活躍により、民族主義運動が高まってきていることに注意を促す報告がある。この報告では民族主義運動の高揚の背景として、二・二六事件後に一部の朝鮮人が「国体に対する国民の確信に動揺を来しつゝあるが如き謬想《びょうそう》」を抱かせるようになったとし、以下のように記している。

更に第十一回オリンピック大会に於ける孫基禎、南昇龍選手の優勝は、一般朝鮮人に多大な衝撃を与え、「全国民の二十四年来の宿望達成」として、内地人の歓喜に相和する者ある一面、一部偏狭《へんきょう》分子に於《おい》ては、之《これ》を以《もっ》て「朝鮮民族の優秀性を証名〔ママ〕せられたり」と為し、或《あるい》は「両君の優勝は即《すなわ》ち朝鮮の優勝であり両君の制覇は即ち朝鮮の制覇である」として極力民族意識の誘発とその昂揚《こうよう》に努むる所あり、為に一時沈衰せる民族主

義運動も、最近台頭の傾向頓《とみ》に濃厚となれり。（内務省警保局『特高外事月報』昭和一一年八月分）

孫基禎と南昇龍の活躍は「朝鮮民族の優秀性の証明」であるとして朝鮮における新聞各紙に報じられ民族運動を誘発していると警戒される。この後には日章旗抹消事件についても触れ、日本における朝鮮人留学生らの行動にも言及している。

一〇月分の『特高外事月報』でも孫と南について触れている。そこには他の陸上競技選手らとともに神戸港に帰港し、大阪での歓迎会に出席してから、翌日東京へ向かうときについて、「当時両選手は、選手隊伍の最後尾に位し、一般鮮人の接近を容易ならしむるが如く、一部民族主義者の意に迎合せんとするやに認めらるゝ行動ありたり」（内務省警保局、『特高外事月報』昭和一一年一〇月）と記述されており、孫基禎と南昇龍の行動に不信な点があれば、些細なことであっても監視の対象になっていたことがわかる。

とりわけ孫基禎は「在独中孫基禎は、多数の外国人よりの「サイン」の求めに応じ「KORE（高麗）孫基禎」と記する等、不穏当の挙措《きょそ》」があったとし、ドイツでも特高警察に行動が観察・監視されていた。

この報告書ではさらに次のように記している。

孫南両選手は、帝国代表選手として出場し之《これ》が優勝に関しては、指導者竝《ならびに》国民の熱烈なる指導後援に依《よ》る所多く、従って今回の優勝帰朝に際しても、全国民的に祝福歓迎すべきことに属す。従って既に上陸第一歩に於《おい》て、日本陸上競技連盟の歓迎会あり、帝都に於ても、大日本体育協会、東京市等其他公の機関に於て盛なる歓迎会開催の計画あるを以《もっ》て朝鮮人独自の歓迎会開催の要なしと認められ、一面前叙《ぜんじょ》の如く内外に於ける民族主義運動は、両選手の帰朝を契機として相当高潮化するやの状勢にあり、斯《かか》る際朝鮮人のみを以てする別個の歓迎会慰安会等の開催を許すに於ては、民族的感情の趨《おもむ》く所、内鮮人対立の気運を醸成するの虞《おそれ》なしとせざるものあるに鑑み、警視庁に於ては朝鮮人のみの歓迎会等は一切認めざる方針を採り、前記在京朝鮮人の歓迎計画に対しては、諭旨中止せしめ、都下各大学朝鮮留学生の秋季陸上運動会に対しても、歓迎空気の鎮静後開催せしむべく延期方を諭旨する等、厳重取締を加え凡《あら》ゆる不穏策動を阻止せり。

（内務省警保局、『特高外事月報』昭和一一年一〇月分）

このように厳重な取締のなか孫基禎と南昇龍が帰国してきても同胞で盛大に祝うことはできなくなっていた。日本側が日本人と朝鮮人の対立の回避、高まる朝鮮人らの民族運動の雰囲気を鎮静化させることに神経を尖《とが》らせていたからである。

招かれざる者

こうした状況はスポーツ界にも伝わっていたと思われる。だが、孫基禎と南昇龍が要注意人物として扱われていたことについて、大日本体育協会関係や協会関係者らの史料で直接触れているものはない。政治性が強過ぎて扱えなかったのか、スポーツ関係者らはこのことにあえて触れないことにしていたのかもしれない。

例えば一〇月三日に日比谷大音楽堂で大日本体育協会主催の代表団歓迎報告会のことである。ベルリン五輪日本代表団の団長を務めた平沼亮三がここでベルリン五輪についてその所感を報告している。平沼はベルリン五輪で日本人選手が活躍した種目と選手名をそれぞれ挙げているが、マラソンに関しては優勝に対する評価はしつつも孫基禎と南昇龍の名前を一切出していない。

日比谷大音楽堂で平沼がマラソンの優勝について述べているところを見てみよう。

やはりコーチが非常によく注意して、非常によく訓示を与え、選手はこれに絶対服従致しまして、好く走ってあの好果を挙げたのだと私は飽くまで信じているのであります。

これはやはり日本の非常に誇るべき美点であるのではないかということを感じて参ったのでございます。

（平沼亮三「オリムピックより帰りて」『オリムピック』）

ここでは二名がコーチに絶対服従という上意下達の関係を賛美する姿勢が見える。これをスポーツにおける日本精神の発揮の一例として紹介している。

ただやはり金栗四三のストックホルム大会でのマラソン挑戦以来、二四年目の宿願を達成した孫基禎の名を出さないのは若干違和感が残る。公の場で両名の名前を出せず、それを避ける状況にあった可能性も否定できない。なぜなら平沼は一九四二年に著した『スポーツ生活六〇年』のなかでは「孫、南の両選手がマラソンで赫々《かくかく》たる勝利を獲たことゝは、全く多大の感銘を与え、日本人を理解させるに役立った」と名前を出して二人のマラソンでの活躍を絶賛しているからである。

このように孫基禎はベルリンオリンピックで輝かしい成績を残したが、帰国後、英雄であると同時に招かれざる者としてあった。それは植民地朝鮮からの日本代表選手という立場に対して、日本という国家と朝鮮民族のそれぞれの思惑が強く反映された結果でもあった。

第4章

帝国日本による翻弄

1936〜45年

1　日本への留学――〝マラソン放棄〟の条件

日本への帰国と監視のストレス

孫基禎は日本へ戻る船に乗った。日章旗抹消事件のことは帰航中のシンガポールで鄭《チョン・サン》商熙《フィ》から初めて知らされたという。詳細を知ったのは上海に寄港したときだった。自伝によると申《シン・》国権《クッコオン》夫人に「オリンピック優勝の表彰台に立ったあなたの写真から日章旗を抹消し、掲載したということで、東亜日報は停刊となり、記者たちは投獄された」と告げられている。

日本へ帰国後の暗雲が漂い始めていた。

一九三六年一〇月六日、帰港した長崎では大観衆がオリンピックから凱旋した陸上競技団一行四九名を出迎えた。長崎で孫基禎は次のようにインタビューに応えている。前半はマラソンのレースについて振り返るものであったが、後半は「私のようなチッポケな男を皆様から誉めて戴いてそれに御心配ばかりかけて何も出来ませんで恐縮です。今後私も更に練習をやる積りです。私が貰った柏（月桂樹）の木は枯れてしまいました」（『東京朝日新聞』一九三六年一〇月七日）と。

一行は船でそのまま神戸に向かった。神戸では南昇龍の父親が息子の姿を見ようと待っていた。人混みのなかで親子は再会し、喜びを分かち合った。神戸でも孫基禎はインタビューに応えた。枯れた柏（月桂樹）の木のことについてであったが、「大丈夫らしいです、うまくやれば枯れませんせん、私はすぐ朝鮮の学校に帰って植えてやります」（『東京朝日新聞』一九三六年一〇月九日）とだけ話している。

孫基禎はどこへ行っても警察などに見張られていた。長崎に始まり、神戸から列車で移動した東京まで、オリンピックから凱旋した選手たちを歓迎する人々はどこもあふれんばかりであったものの、孫の気分は憂鬱であった。

そのときのことを孫は「とにかく、人に会うことがしんどかった。何とかして人前から姿を消したい一念しかなかった」と話している。孫はこの監視のストレスに疲れ果てていた。

オリンピック選手団は東京に滞在する。孫基禎が東京の丸ノ内ホテルへ滞在中に、養正高普の担任黄澳《ファン・オク》が迎えに来てくれた。ちょうどそのときに南昇龍の恩人でもある鈴木武がお祝いを伝えるために孫基禎に会いに来ていた。孫の心境を聞いた鈴木は周りにいた警察を一喝して追い払ってくれたという。

朝鮮への凱旋

一九三六年一〇月一七日、孫基禎は黄澳とともに朝鮮へと戻る。朝鮮民族の英雄の凱旋であった。

孫は飛行機で京城の汝矣島《ヨイド》飛行場に着陸した。飛行場には数千の朝鮮民衆が詰めかけ、その民衆は警察官らに制止されていた。飛行機を降りた孫は養正高普の制服で、手には勝者の証である月桂樹の苗を携えていた。飛行場には孫を支えてくれてきた人々も集まっていた。孫はその再会に感極まった。兄の孫基万、養正高普校長の安鍾元、養正高普の教職員たち、朝鮮体育会理事の金圭冕《キム・ギュミョン》、金龍九《キム・ヨング》、新義州の恩師李一成まで駆けつけていた。孫も涙したが、出迎えた人々も涙していた。

飛行場から次に孫基禎が向かったのは朝鮮神宮であった。安鍾元に連れられて自動車に乗り込み朝鮮神宮へと向かった。神宮での参拝を終えた孫は次に母校養正高普に立ち寄り、教員たちへの挨拶をしてその日の予定を終えている。

孫基禎は朝鮮総督南次郎にも面会した。一〇月一九日午後二時、安鍾元と教頭の徐鳳勲《ソ・ボンクン》とともに朝鮮総督府を訪問する。まず富永文一学務局長兼朝鮮体育協会会長に挨拶し、その後、富永に南次郎の待つ部屋へと案内された。孫は朝鮮総督府の後援について感謝の意を伝えた。それに南は次のように答えている。

君が孫君か、今回のオリムピック大会に優勝したことは我々日本人にとって喜ばしいことである、君は学生であるからその本分を固く守り一層自重して欲しい、周囲から煽られて心の弛みが出ては前途を誤まるものである。

（『京城日報』一九三六年一〇月二〇日）

孫基禎はこの南の言葉に「閣下の御教訓を守り自重します」と応えた。孫は日本・朝鮮の警察に監視されながら、自身の行動を「自重」するよう促されたのである。

金性洙と普成専門学校

オリンピックで金メダルを獲得した孫基禎は次の人生の選択に迫られる。翌一九三七年三月には養正高普を卒業する予定となっていたからである。孫はその後の進路を考え、進学の道を選んだ。

孫基禎が目指したのは東京高等師範学校（のちの東京教育大学、現筑波大学）体育科だった。一九三六年一二月に受験に臨んだ。募集定員三〇名に二三〇名が殺到する超難関試験だったという。

『読売新聞』によると一二月二八日の試験日に孫は一時間三〇分ほど遅刻した。理由はわからない。孫は最終の二三〇番目で受験し、実技試験で苦手な鉄棒や球技のバスケットボール、フットボールなどにも取り組んだ。しかし陸上競技の長距離種目以外の競技はうまくこなせず、翌年一月二六日の合格発表では不合格となっている。

その後早稲田大学への進学も希望していたというが実際に受験した形跡はない。いよいよ三月の卒業は迫っていた。

孫基禎は一念発起して朝鮮民族の有力者金性洙《キム・ソンス》を訪ねた。金性洙は湖南《ホナム》財閥を率いる人物であり、実業界（京城紡織）・教育界（普成専門学校）・言論界（東亜日報社）の実力者だった。金は朝鮮民族発展のために近代化を推進した民族主義者である。会社経営・事業のために朝鮮総督府との関係をうまく保ちながら民族資本を発展させた。朝鮮民族に寄与しながら、植民地権力とも協働していたことからその評価は二つに分かれている。ちなみに日章旗抹消事件が起きたときの東亜日報社取締役でもあった。

孫が金性洙を訪ねたのは彼が普成専門学校（以下、普専、現高麗大学校）の校長だったからである。孫は金に入学の希望を伝えに行った。

金性洙は孫基禎を温かく迎えた。オリンピック金メダリストという民族の英雄を無下に扱うようなことはしなかった。孫は一九三七年四月に無事普専へ入学する。普専は一九〇五年に創立され、朝鮮人を対象にした高等教育機関の名門であり、スポーツでも朝鮮民族をリードしている学校のひとつであった。

孫基禎は普専陸上部に所属して競技に出場している。普専の陸上部は一九三五年以降から競技に力を入れ始めていた。一九三五年に開催された第一回京・水間駅伝競技大会に参加して優勝すると、三七年の第三回の同大会でも孫基禎をチームに迎えて優勝したのだった。また全朝鮮陸上競技対抗戦にも出場し、この大会も優勝している。このように普専陸上部で孫は活躍し始めたのだが、半年で普専を退学して朝鮮を後にし、日本へと向かう。それはどうしてだったのか。

明治大学への入学

一九三七年の秋、孫基禎は明治大学法科専門部へ入学する。孫は自伝で、普専の学生時代にいつも警察からの監視が付いていたことを述べたうえで、明治大学の入学経緯について以下のように記している。

　二学期、誰に知らせるでもなく普専を退学した私は、再び渡日することにした。しかし、四方八方手を尽くしてみても、要注意人物としての私を気軽に受け入れてくれるところはなかった。
　困っていると、朝鮮総督府学務局に勤めていた鄭商熙と満鉄にいた権泰夏先輩が、

「私たちが保証人になってやろう」

ということで明治大学への入学を図ってくれた。

マラソン王・孫基禎の入学条件は、再び陸上をやらないということであった。学校の方で孫基禎の名前を借りることもしないかわり、人の集まりなどには顔を出さず、できる限り静かにしていろ、という条件であった。

（『ああ月桂冠に涙―孫基禎自伝』）


朝鮮で監視の目が付きまとうなか、その監視のストレスから「それならばいっそのこと、日本人のなかに身を沈め、彼らと生活した方が監視の目を振り払う上で良策」と考えて日本の大学への入学を考えたと記している。ただこの入学の理由とその後の孫の行動とを整合的に考えると、孫は生活環境もさることながら、競技環境を変えたかったのではないだろうか。

朝鮮では一九三六年八月に就任した朝鮮総督南次郎の下で「内鮮一体」を模索する政策が進んでいた。南はいわゆる皇民化政策を進めるために、一九三七年七月に大幅な人事の刷新を図る。このとき学務局長心得（のちに学務局長）に塩原時三郎《しおばらときさぶろう》が任命された。塩原は教育とスポーツの面で朝鮮人の同化を強制的に進めていく。孫の渡日後だが、一部の有能な選手らの競技のためのスポーツを重視せず、戦力のための「体育」を強調する政策を植民地朝鮮で展開していった。こうした政策下のスポーツ選手にとっては朝鮮よりも日本の方が断然環境がよかったはずである。孫の普専退学と明大入学は塩原が学務局長心得に就任し塩原の政策が強く推進されようとする時期である。警戒・監視されていた孫には朝鮮でマラソンや陸上競技といったスポーツを行っていくにはかなり窮屈になり、朝鮮総督府の圧力が強まってくることは容易に想像できたはずだ。

他方でベルリン五輪でマラソン三位となった南昇龍は明大競走部で活躍し、箱根駅伝にも出場していた。明治大学への入学を勧めた先輩権泰夏も箱根駅伝を五回も走り、一九三二年のロサンゼルス五輪に出場していた。総督府の鄭商煕も養正高普の先輩であると同時に明大競走部で活躍した選手の一人であった。朝鮮でのスポーツ環境の悪化が危惧されるなか、権と鄭が孫に日本で競技に集中させてやりたかったのではないだろうか。彼らは監督やコーチにも話が通じただろう。権や鄭からすると多くの人々が孫の明治大学入りを歓迎してくれると信じていたのではないか。

これまで孫基禎はベルリン五輪後からマラソンを走らなくなったと指摘されてきている。たしかにマラソンを走った記録は残されていない。だが、一九四〇年に開催が予定されていた東京五輪の出場に後ろ向きだったわけではない。一九三七年一月にベルリン五輪三段跳で金メダルを獲得した田島直人とともに朝日体育賞を受賞したが、そのときの授賞式では「この賞を持って国に帰り先生達に早く見せ度《た》いと思います、四年の後には東京で必ずもう一度やってみます」(『東京朝日新聞』一九三七年一月二六日)と述べている。もちろんリップサービスの一つだっただろうが、この後、走る意欲を失わず、普専へと進学して普専陸上部に貢献したことは先に述べた。

しかし孫基禎は日本で走ることをやめる。ではこのとき孫と「入学条件」を交わした相手は誰だったのだろうか。

「再び陸上をやらない」「学校の方で孫基禎の名前を借りることもしない」という条件を提示したのは文脈から明治大学であった。日本政府や内務省あるいは朝鮮総督府が間接的であれ関わっていたならばわざわざそうした交換条件を提示したうえで、大学側に孫に走らせるなと指導したとは考えにくいからである。帝国日本としては一九四〇年の東京五輪に実績のある有能なスポーツ選手がいてくれる方がよかっただろう。明治大学側は孫を大学に受け入れる替わりに、競走部に入部しないように促したのだ。それは孫が当局の厳しい監視下にあったからだと言えまいか。

寺島善一の著書『評伝孫基禎』では、このときの事情を「日本政府は孫基禎の入学に条件を付けた」と記しているがにわかには肯定しがたい。日本の他の私立大学は警戒される孫の入学を認めなかった。明治大学だけは監視の厳しい孫基禎を迎え入れた。まずはその事実が重要であり、孫がそのことに対して深く感謝していたのではないかと考えられる。

当時の明治大学総長鵜沢総明《うざわふさあき》は右翼、左翼を問わず大逆事件、血盟団事件、相沢事件などを担当した人権派弁護士であり、明治大学は多くの朝鮮人や中国人留学生を受け入れてもいた。そうした校風が監視に苛まれる孫でさえも学生として受け入れたともいえよう。

のちの話となるが、入学後に孫は明大競走部から箱根駅伝を走ってほしいと依頼を受けたのだが、それを断ったのは「再び陸上をやらない」という入学条件を孫がかたくなに守り続けたからだと思われる。自分を大学に受け入れてくれたことに対する感謝と自重であった。

英雄の役割

孫基禎は明治大学に進学し、陸上競技、マラソンを断念した。ベルリン五輪後、常に監視にさらされながら日々の生活を続けねばならず、学問を身につけて次の人生の設計図を描こうとしていた。明治大学在学中にさまざまな大会に招聘《しょうへい》されてはいるが、自ら競技に参加した形跡や競技成績は見つからない。

例えば一九三八年三月に九州体育協会主催の北九州マラソン大会が開催予定であり、その大会に孫基禎と南昇龍が招聘されるという記事があるが実際にマラソンを走った記録や成績はない。競技に参加しなくなった孫基禎がこの時期、出てくる逸話に次のようなものがある。

元慶大競走部選手でベルリンオリンピックに活躍した今井哲夫君は今回出征、盛大な見送りを受けて○○に向ったが東京駅頭を埋めた見送りの人々の間から明大の制服制帽をつけた一学生が躍り出で、万歳の音頭をとった。

この一学生こそマラソン王孫基禎君で、ベルリンオリンピックの盟友今井君のために熱誠こもった万歳を餞《はなむ》けとしたのであったが、この万歳を浴びて勇み立った今井君の目頭には決意と感謝の熱涙が光っていた。 (『東京朝日新聞』一九三八年二月二七日)

今井哲夫《いまいてつお》はベルリン五輪の陸上競技三〇〇〇メートル障害の日本代表選手だった。慶應義塾大学の競走部に所属し、一九三二年から三五年までは箱根駅伝にも出場している。孫基禎とは同年齢だった。ベルリンでともに闘った盟友今井が前年七月に始まった日中戦争に出征する。その見送りに来た孫基禎の姿が報じられている。走ることをあきらめた孫が戦地に赴く兵士を万歳で送り出す姿が美談として語られるのだった。

孫基禎は本当に走らなくなったのか。明治大学に進学してから、いったん走らなくなったことは事実である。しかし、五月に発行された『朝光』には「次の世界オリンピック制覇を期するマラソン王孫基禎君の心境」というインタビュー記事が掲載されている。

そのなかで孫は「しばらくの間運動をしなかったら、かえって人間的に漸漸つまらないものになったように思えて、再び運動を始めました」と、再び走り始めたことについてコメントしている。

さらに記者の「昭和十五年に東京で開かれる第十二回世界オリンピック大会にまた出場しますか」という質問には、「気持ちが別に変化しない限り出場します」と明言していた。孫基禎は次のオリンピックも目指していたのだ。

ただ不安もあった。孫基禎は明治大学に進学してから再び学費と生活費の問題に悩まされていた。そのことが東京五輪を目指す足枷になっていた。この頃、孫基禎は京城の積善洞にある省斎育英会から毎月四五円の奨学金を受けていたが、その金額では大学の授業料を納めるのがやっとで生活は困窮していたという。

このインタビューの後の七月に孫基禎は大満洲帝国体育連盟に招かれて満洲を訪問している。新京、吉林、ハルビンを経由する旅程で移動し、帰路に奉天体育連盟の関係者らと会うため奉天に立ち寄っている。関係者らから歓迎を受ける一方で朝鮮人記者のインタビューにも応えた。

朝鮮人記者はベルリン五輪で金メダルを獲る自信があったのか、また今後の朝鮮スポーツ界の展望はどのようなものなのかと尋ねた。孫は金メダルについては予想などできるはずはなく、オリンピック前に好記録が出ていたので、それを維持すれば多少の希望があったと応えている。またこの七月一五日に日本政府は日中戦争の長期化のためにオリンピックの返上を決定しており、孫は東京五輪がなくなったことを残念に思う旨と次回のオリンピックに期待される朝鮮人選手らを数名挙げてインタビューを終えている。この時点で孫も東京五輪を目指すことはなくなった。

満洲から日本へ戻った孫基禎は一九三八年一一月に開催された国民精神作興体育大会の矛継走にその姿を現す。この矛継走とは伊勢神宮に一度奉納された六本の聖矛を各府県の走者たちのリレーによって、結城神社、熱田神宮、三島神社、鶴岡八幡宮、靖国神社へと届けて各神宮、神社に奉納するというものであった。最後の聖矛が明治神宮に奉納されることになっていた。この矛継走は伊勢神宮から明治神宮までの道のりを聖矛を運ぶ走者たちによってつなげられ、神都と帝都を結ぶ象徴とされたのである。動員された人々は、一万五〇〇〇人に及び、「国民精神作興に最もふさわしい」行事であった。

一一月四日の正午に宇治橋をスタートした継走は六日の夕刻に明治神宮競技場へと引き継がれた。この継走の最終走者は金栗四三であり、その金栗に矛をつなぐ走者が孫基禎であった。孫は聖矛を手に神宮競技場へと入場してきた。『東京朝日新聞』はそのときの様子を以下のように報じている。

第二十一区を担当した青山小学校の豆選士小川芳至君（一四）以下四十名は伊勢神宮から護衛バスに積み込んだ炬火《きょか》六十本に火をつけて赤坂区役所前から外苑入口へ勇ましくひたはしり、こゝに待ち構えたオリンピックの覇者孫基禎君に渡せば孫君は村社講平君以下の衛団に守られて神宮競技場の国民精神作興大会会場へと力走。

会場は既に濃き夕闇に閉され、篝火《かがりび》があかあかと燃える時しも六十余の炬火が「聖矛」を守って会場に繰り込む、一万観衆は『万歳』の歓呼を轟《とどろ》かす、ここで最終選士金栗四三君への受継ぎが行われ君が代斉唱裡に完了。

（『東京朝日新聞』一九三八年一一月七日）

その後、聖矛を受け継いだ全日本陸上競技連盟会長の平沼亮三から明治神宮の宮司に矛が手渡され、神殿に聖矛が奉納されて矛継走は幕を閉じた。一九三八年四月に国家総動員法が公布され、戦時の人々の精神と身体の動員がより国家に重視されるなか、帝国日本で孫基禎はこうした国民的行事に登場し、他の五輪の英雄たちとともにその役割を担うのだった。

2　朝鮮半島への帰還――銀行への就職、『民族の祭典』

朝鮮貯蓄銀行への就職

孫は一九四〇年三月に明治大学を無事卒業し、四月に朝鮮の京城へ戻った。孫は在学中であった二七歳の一九三九年一二月に朝鮮日報記者でスポーツ選手としても活躍した高鳳梧《コ・ボンオ》の紹介で姜福信《カン・ボクシン》と結婚しており、姜は朝鮮で孫を待っていた。

姜福信は陸上競技短距離走の選手として一九三〇年代前半に朝鮮の数々の大会で活躍していた。平安南道の平壌女子高等普通学校出身（のちの平壌西門公立高等女学校）であり、二〇〇メートル走を得意としていた。一九三三年の第九回朝鮮神宮大会では、マラソンで優勝した孫とともに、女子二〇〇メートル走で優勝した姜が紙面の見出しに大きく取り上げられている。この朝鮮神宮大会がお互いの存在を初めてフィールドで知ったときだとも言われている。

ちなみに一九三四年の公認陸上競技朝鮮記録を見ると、姜福信は女子の部の二〇〇メートル走二七秒六の朝鮮記録保持者となっている。他にも二〇〇メートル、四〇〇メートル、八〇〇メートルの各リレー競技でも朝鮮記録を持つメンバーに入っていた。一九三九年一二月には孫基禎と姜福信の結婚を紹介・祝福する記事が日本・朝鮮双方で報じられていた。

朝鮮に戻った孫基禎は京城の南大門にあった朝鮮貯蓄銀行に就職する。朝鮮陸上競技連盟会長の伊森明治が頭取を務める銀行であり、伊森の肝煎りで銀行への就職を斡旋してもらったという。銀行の仕事を覚えるのは大変だったものの、孫の人気や人脈の広さから預金業務で好成績を収めていた。一方、妻の姜福信は同徳高等女学校の体育科の教員を務めており、夫婦共働きで家計のやり繰りをしていた。

一九四一年一月の雑誌『三千里』で姜福信は二人の生活のことについて語っている。ただ当時の時代背景を反映してか、前半の多くは戦時の朝鮮における家庭の役割について述べられており、後半の最後に四月から始まった二人の生活のことに触れていた。あくせくする忙しい毎日ではあるが、日曜日は登山や野外散歩、また映画などを見て楽しんでいると述べている。妻との生活は、孫基禎にとってささやかながらも幸せな日々だったのではないだろうか。

映画『オリンピア』第一部〝民族の祭典〟

レニ・リーフェンシュタールが監督を務めたベルリン五輪の記録映画『オリンピア』は世界で多くの観客が目にした。のちにナチスのプロパガンダ映画と評されるが、聖なる祭典としてのオリンピックとオリンピアンらの躍動感を独自の手法で描きベルリン五輪の壮大さと感動を世界に与えていた。

その第一部『民族の祭典』の試写会が一九四〇年七月に朝鮮で開催された。孫基禎は姜福信とともに参席して往年の自身の姿を鑑賞している。一九四〇年七月四日の『東亜日報』には孫、南両夫婦が試写会に来て映画を鑑賞している様子が報じられ、七月五日の『朝鮮日報』には「四年前の感激再現　オリンピック映画〝民族の祭典〟試写会に躍動する孫基禎、南昇龍両君の勇姿」という見出しで、記事に大きく取り上げられていた。実際の映像ではマラソンのシーンが一二分程度にわたって記録され、スタートからザバラが先頭を切ってスタジアムを出て行く様子やハーパーと併走する孫基禎、さらに追走する南昇龍の躍動する姿が映し出されている。そして、ラッパ手のファンファーレとともにスタジアムに駆け込んで来た孫基禎が勢いよくゴールテープを切るシーンも再現されていた。クライマックスは表彰台に立つ孫基禎の姿だった。センターポールに掲げられる日章旗と「君が代」のしらべは当時を彷彿させるものだった。

鑑賞後には南昇龍とともに三千里社の金東煥《キム・ドンファン》らと「民族の祭典」を見た感想と当時のベルリン五輪の状況について語り合っている。『民族の祭典』を見た感想を孫は次のように語った。

四年前のことを、とりわけ私が走る場面をフィルムを通して、最早再び見ることができたのは実に感慨無量このうえなく、当時ベルリンで大会の光景を直接見たときとはまた違う感激を、この映画を通じて感じました。『民族の祭典』はスポーツ映画であり、したがって一つの記録映画ではありますが、レニ・リーフェンシュタール女史の芸術的天分によって新しい領域を開拓してくれた画期的な構図に敬意を表します。

（「民族の祭典」『三千里』一九四〇年第一二巻第八号）

このように孫基禎は自らの姿に感動し、レニ・リーフェンシュタール作品の斬新性について語った。映像のなかの自分と実際に走っていた競技者当人の感覚は随分違ったものだっただろう。

孫基禎と南昇龍の姿が再現されたこの『民族の祭典』の上映は朝鮮人の民族運動を再燃する可能性もなくはなかった。実際に映画を鑑賞した朝鮮の青少年らに影響を与えた事件が起きている。

江原道の春川中学校では四年生一九名が中学校への入学時から学内における朝鮮人への差別的対応に怒りを堪えていた。その思いが『民族の祭典』を観ることによって噴出したのである。学生たちは日本人教師と学生たちに暴行し、一斉検挙されたのだった。当局側はその背景について、以下のように記録している。

昭和十六年一月三十日、映画「民族の祭典」を団体観覧したる際、孫基禎選手の優勝に当り在留日本人の応援の淋しさに民族的悲哀を痛感せるが反面、孫、南両選手の優勝は朝鮮民族の優秀性を物語るものにして朝鮮は日本の支配を受けずとも立派に独立を維持し得るものなるべしとの自信を得、遂に朝鮮を日本の羈絆《きはん》から脱し、朝鮮国の実現せんとするの激烈なる民族的反抗心を抱懐するに至り

（「春川中学校生徒の治安維持法違反事件検挙に関する件」『思想に関する情報一三』一九四一年七月）

映像は実際の競技時のものだけでなく再現して撮り直したものもある。スタンドの観客の映像はドイツに滞在する日本人らを無理やり集めて撮影したものであり、エキストラの数が限られ、競技の盛り上がりを再現することは難しかった。しかしその映像を観た朝鮮人学生たちはそうした事情を知らず、孫の活躍に対して盛り上がりに欠ける冷めた応援と映ったのだ。朝鮮民族の熱狂とはかけ離れた日本人の姿に彼らの置かれた立場を投影したのだった。

そして孫の優勝の姿に背中を押されるようにして学生たちは日本人教師と日本人学生に対して暴行を加える事件を起こしたのだ。

皇紀二六〇〇年を奉祝する明治神宮大会

映画『民族の祭典』はベルリン五輪での孫基禎を彷彿させ、朝鮮民族のナショナリズムを刺激した。他方で孫は帝国日本の英雄でもあった。

一九三八年七月、四〇年に開催予定であった東京五輪が長期化する日中戦争のために返上されたものの、四〇年は帝国日本にとって皇紀二六〇〇年という重要な節目の年であり、それを祝賀するスポーツイベントが開催されていた。例えば一九四〇年六月の第一回東亜競技大会はオリンピック返上に替わる国際的なスポーツイベントとして開催されたのである。東亜競技大会は東亜諸民族の精神的結合をはかろうとするものだった。満洲、中華民国、フィリピンの選手たちを日本に迎えて開催することで、東亜の盟主としての日本の地位を確認することが企図されてもいた。

また一一月の明治神宮大会も重要なスポーツイベントであった。この年の第一一回大会は皇紀二六〇〇年を奉祝する大会として開催されている。大会の閉会式には聖火を灯す行事が挙行され、その聖火団のひとりとして孫基禎は参加する。孫は、そのときの様子を次のように記している。

紀元二千六百年奉祝第十一回明治神宮国民体育大会の閉会式は惶悚《こうしょう》にも三笠宮殿下の台臨を仰奉して十一月三日午後四時五十八分から明治神宮外苑競技場で挙行されたが、輝かしい入賞者三千余名を先頭に大会役員と各府県選手一万五千余名が堂堂入場、そして爆発する感激の歓声と拍手は蜿蜒《えんえん》と入場する各部隊の入場ごとに起こった。そして脱帽総起立下に厳粛にも聖恩之旗が入場し壇上に奉迎された後最敬礼、そして「君が代」斉唱、宮城、明治神宮、橿原神宮遥拝、その後に明治神宮から捧持してきた聖火の一団が到着したが、先頭には往年のマラソンの覇者金栗四三選手、副捧持者は今回大会のマラソン優勝者竹中正一郎選〇、これを再び護衛してマラソン王日比野寛翁と小生とマラソン長距離競走の先輩たちであった。

（「体育大祭典参観と朝鮮体育振興への展望」『三千里』第一三巻　第一号）

すでに競技から離れてはいたが、孫基禎は帝国日本の金メダリストとして帝国日本を象徴するスポーツの式典に参加していた。

一二月には宮崎神宮前から橿原神宮までをつなぐおよそ一〇〇〇キロを一〇日間かけて走

る大駅伝競走が開催された。東北、関東、中部、近畿、中国・四国、九州、朝鮮・台湾、満洲の八つの地域から代表選手が参加し、皇紀二六〇〇年を奉祝するスポーツイベントの締め括りのイベントとされた。この駅伝競走に朝鮮は台湾との合同チームで参加し、優勝を飾っている。このときの優勝についても孫基禎はコメントを求められて次のように語っている。

従来の競技は殆ど学生が主体となっており今回はじめて社会人だけの競技が行われるので私も南昇龍君も出るように勧められましたが何分突然のことで練習もしていなかったのでお断りしました。朝鮮軍もメンバー編成には余程苦心したようですが今日の優勝は心待ちに期待していたところです。とも角《かく》紀元二千六百年の掉尾《ちょうび》の大会に朝鮮が優勝したことは半島体育界の何よりの喜びでしょう。

（『釜山日報』一九四〇年一二月七日）

孫基禎は朝鮮のスポーツ界全体を見渡すようになってきていた。権泰夏や鄭商熙などの先輩を引き継ぎ、朝鮮スポーツ界をリードする立場から競技へのコメントが求められてもいた。競技を離れて久しくなり、孫の役割も変わりつつあったということだろう。孫は裕福とは言えないにせよ、都市京城で銀行に勤め、多くの知識人や著名人らと親交を持ち、朝鮮のスポーツ界で指導的立場に就きつつあった。

3　戦争激化と対日協力——学徒志願兵の勧誘

朝鮮スポーツ界への提言

孫基禎の立場の変化は孫の積極的な提言にも確認される。

一九三七年七月に始まった日中戦争の終息が見えないなか、銃後に備えることが要求されていた朝鮮半島では朝鮮の体育・スポーツの役割が「人的資源」に関わる重要な施策の一つとなってきていた。

孫はこのときの朝鮮の体育・スポーツ政策のあり方について次のように述べている。

> 体育向上にあって、最初に一般体育の普及と指導者の養成が時急〔ママ〕の問題の一つである。
> 特に指導者養成にあっては体育大学の創設を何より喫緊に要求する。
> 私は欧羅巴《ヨーロッパ》に行ったときにも伯林《ベルリン》、または其他の違う場所で体育大学というものを見た。
> しかし、我国〔朝鮮〕にあってのみ未だ体育大学というものがないことは曠古《こうこ》の超非常時にあ

って人的資源とともに体育向上を図謀するこのときに、政策上一つの欠点ではないかと思う。なおかつ厚生省《ママ》まで設置されたのだから。この点にあっては厚生省に我々は企待《ママ》するところが大きい。他の諸大学中に一つの大学をなくす恨があったとしても「健全なる精神は健全なる肉体から」というモットーの下で我々は一日も早く体育大学の創建を懇望してやまない。これが健実《ママ》な人的資源を排出《ママ》することに大きな動力となることを信ずる。

（「体育大祭典参観と朝鮮体育振興への展望」『三千里』第一三巻第一号）

孫基禎は朝鮮に体育大学の設立が必要であることを指摘し、高等教育機関で体育・スポーツを専門的に学ぶ指導者育成を始めることで朝鮮体育の発展を図ることを求めていた。戦時体制という時宜にかなった人的資源の確保にはまず指導者が必要だと考えたのである。

植民地権力の政策への支持

たしかにこの時期の学校体育は戦力増強の体育が重視され、兵士としての戦闘力、また銃後における生産力の拡充を増強するための体育や日本精神陶冶のために武道が実施されていた。

孫の提言はそれらの状況をより合理的に進めるための一つの方法を述べたものとみること

ができる。さらにこの時期は学校体育に限らず、社会全般でも社会体育として各種体操などが実践されていた。そのことについても孫は次のように述べている。

一般体育向上普及のため各会社、工場に運動指導者を置いて、一定の時間に国民体操をさせるようにせねばならない。場所は屋上も良く、工場の庭でも良い。場所は問題とはならないと思う。

この国民体操の奨励は現在内地では盛んに実行されているが、朝鮮ではその数をこなすことが甚だ少ない。これに対しては厚生省やまたは国民総力連盟で強制的に訓令があることを要望する。（同前）

孫は内地（日本）と朝鮮の状況を比較しながら、朝鮮での社会体育振興の遅れについて苦言を呈す。その打開策として厚生省（朝鮮では厚生局）と国民総力連盟（同、国民総力朝鮮連盟）が主導して朝鮮社会の体育活動を活性化させることに言及していた。

終息の見通しが立たない戦争は、朝鮮人を戦時体制の下に動員し、人的資源として各所に配置することを企図していた。体育・スポーツはその人的資源となる朝鮮人の身体をどのような身体にするのかに主眼が置かれ、実践されていた。

孫はそうした状況を念頭に朝鮮スポーツ界をリードする一人として総督府を中心とする植民地権力側の政策に沿う発言をしていた。民族主義者であった知識人らが転向し、対日協力者の道を選択していくなか、孫も逃れられない運命を辿ることになったのである。

志願兵制度と朝鮮人志願兵の役割

孫基禎が日本での留学生活を終え、朝鮮に戻った一九四〇年四月、日中戦争はいつ終わるともしれない泥沼の様相を示していた。先述したようにその四年前の一九三六年八月に朝鮮総督に陸軍軍人である南次郎が就任している。南は朝鮮に徴兵制を布くことを一つの目的としていた。日中戦争は南が掲げる政策を遂行中に勃発したが、結果として朝鮮人を人的資源へと導く政策が銃後の朝鮮半島で急務となる。

ただ対日感情が複雑な異民族の朝鮮人をいきなり軍隊へと編入することは容易なことではなかった。朝鮮に駐在する朝鮮軍は人的資源を内地・外地で拡充していくことに理解を示しながらも、朝鮮人を日本の軍隊に編入することには払拭できない懸念があった。そのため試金石としてまず導入されたのが志願兵制度でった。

陸軍特別志願兵令が朝鮮で公布・施行される以前の一九三七年六月、朝鮮軍司令官であった小磯国昭は、陸軍大臣杉山元に「朝鮮人志願兵制度ニ関スル意見」を具申している。

小磯はこの制度について「朝鮮人に皇国意識を確把せしめ且《かつ》将来に於《お》ける兵役問題解決の為めの試験的制度として朝鮮人壮丁を志願に依《よ》り現役に服せしむ制度は朝鮮の現状に鑑み」なければならず、その施行に当たり条件を提示している。

条件は、年齢（満一七歳以上二〇歳未満）、学歴（普通学校卒業以上）、志願兵訓練所（陸軍兵志願者訓練所、以下、訓練所とする）を卒業し、兵検査に合格していることを挙げ、さらに訓練所卒業後、当分の間は戦線へは行かず、朝鮮内の部隊に所属することを要求していた。

また志願兵の制度化に関連して、朝鮮での同化（皇民化）教育の徹底も要求している。もし「制度施行後数年に亘り予期の成果を挙ぐるを得ざる場合に於ては本制度の実施を中止」することも具申されていた。朝鮮軍を警戒している様子がうかがえる。

一方で朝鮮総督府は志願兵の制度が「内鮮一体」を促進すると考えていた。この制度が「内鮮一如無差別的待遇の第一段階」であるとし、「朝鮮人に国土防衛の責務を分担」することで「祖国愛は自ら昂揚発揮」すると期待していた。さらに朝鮮人を訓練所に収容することで志願兵らに徹底的な皇民化を図ることができ、除隊後、郷里へ戻ってからも皇民化を促すことに大きな影響力を持つと考えていた。このように、時局への認識は共有していたものの、朝鮮人を兵士として採用していくことに対する朝鮮軍と総督府の認識には隔たりがあった。

学徒志願兵への呼びかけ

一九四三年一一月、孫基禎は咸鏡北道にいた。大山寅相こと趙寅相《チョ・インサン》も同行していた。朝鮮半島の最北の地に孫がいたのは学徒先輩中堅団としての活動に従事するためだった。

一九四三年一〇月、日本で学徒出陣の壮行会が催されている頃、朝鮮・台湾では陸軍特別志願兵臨時採用規則が公布・施行され、植民地からも学徒志願兵が駆り出されることになっていた。孫は明治大学の卒業生として学徒先輩中堅団という組織の一員となり、朝鮮人学徒志願兵の募集を呼び掛けていく。

学徒先輩中堅団とは別名「内地帰鮮学生の蹶起《けっき》希求団」とも呼ばれており、その多くが日本への留学経験者たちであった。

孫基禎は咸鏡北道に出かける前に以下のようにその抱負を述べている。

> われら若き半島青年が今こそ起って大東亜戦争に直接身をもって戦わなければ、何時《いつ》またこんな絶好の機会があるでしょうか、大いに血を流し、血をもって、若き日の熱誠を願わねばなりません、いま、半島はあげて学徒の出陣を励行しているのです、全く□〔ママ〕〔判読不能〕然です。未だ曽《か》つてこんなに二千五百万が総蹶起してその熱と誠を一つの

学徒先輩中堅団名簿（1943年頃）

派遣地域	氏名	出身校	派遣地域	氏名	出身校
咸鏡北道	松岡正烈（金正烈）	普成専門学校	忠清北道	富永造秀（全造植）	不明
	牧本昭雄	普成専門学校		申南淑	京城帝国大学
	孫基禎	明治大学		岩本多生（李用殷）	普成専門学校
	大山寅相（趙寅相）	早稲田大学		河原瓊采（河一復）	中央大学
咸鏡南道	石川昌均（洪監杓）	立教大学	忠清南道	三川清（辛泰嶽）	中央大学
	安川基英	法政大学		花田龍球	立命館大学
	梁本柱華	京城帝国大学		劉永允	中央大学
	綾原興南（具興南）	早稲田大学		金原鎮英（金鎮英）	京城師範学校
平安北道	松原英一	早稲田大学		瑞原康人（李康世）	京城師範学校
	趙麟鎬	法政大学	慶尚北道	石田耕造（崔載瑞）	京城帝国大学
	平沼隆雄	駒澤大学		金光邦夫（金光洙）	中央大学
	白井載貞（白載貞）	恵化専門学校		金江秀一（金徳元）	大田公立商業補習学校
平安南道	金勝文	立命館大学		高山憲軾（崔憲軾）	日本大学
	高橋達雄	普成専門学校		森山禎介（李昌爀）	京城法学専門学校
	金寛羽	法政大学	慶尚南道	金子漢奎（全漢奎）	日本大学
	方山珍峻	上智大学		常山盛弘（金胤鎮）	駒澤大学
	金炳歓	中央大学		西山信一（趙信一）	協成神学校

道	氏名	学校
黄海道	金井義夫	東京商科大学
	徳山海通（朱泰道）	日本大学
	岩本登	京城医学専門学校
	異河潤	法政大学
江原道	羅在昇	京城法学専門学校
	福田龍澤（呉龍澤）	早稲田大学
	長岡素良	早稲田大学
	国原鍾武（金鍾武）	京城帝国大学
	野村直弘	京城高等商業学校
京畿道	徳山宇七	中央大学
	奈城敬燮（厳敬燮）	法政大学
	鈴川清	関西大学
	朝野晴義（朴勝成）	中央大学
慶尚南道	山本寅雄（呉嚀世）	中央大学
	山川相萬（金相萬）	早稲田大学
全羅北道	金谷光豊（金判巌）	中央大学
	蓮村龍三（崔龍三）	日本大学
	平江一夫	京城帝国大学
	李容漢	立教大学
	金日漢	普成専門学校
全羅南道	中野豊作（黄台淵）	普成専門学校
	張本天寿（張天寿）	中央大学
	南一祐	普成専門学校
	金正実	中央大学
	宮島基河	関西大学

出典：姜徳相『朝鮮人学徒出陣』（岩波書店，1997年）を基に筆者作成

点に集中させたことがあったでしょうか、私はこのような気持を学徒やその家族を訪れて伝え志願を乞うと共に、微力ながら大いに激励するつもりです。
（『京城日報』一九四三年一一月一四日）

朝鮮の学徒志願兵は重要だった。一九三八年に朝鮮での兵力動員の始まりとなった陸軍の特別志願兵とは異なり、高等教育を受けた学徒たちは日本語を理解す

る者が多く、戦地ですぐに兵士として活躍することが期待できたからだ。

しかし朝鮮人学生たちは兵役を否定的に見ていた。高等教育を受けた結果、兵士を志願せずとも安定した経済的基盤を持っていたからである。また彼らの母親たちも息子が兵士として日本軍のために働くこと、命を捧げることを快くは思っていなかった。

こうした否定的な風潮のなか学徒志願兵を募るには強いプロパガンダと人脈を用いた強制力が必要となっていた。ここで登場するのが学徒先輩中堅団であり、孫基禎であった。孫は自伝でこのときのことを次のように回想している。

趙寅相先輩と一緒に、鏡城、会寧など、咸鏡北道の辺地を歩いていたときだった。総督府の指示通り、学徒兵志願者を勧誘していた。しかし、住民たちの態度は明白であった。

「私は、そりゃ無学文盲の百姓かもしれないが、息子たちは大学を卒業し、私などよりは頭がいい。日本人たちが話しているように、学徒兵がそれほど国家のためになるのなら、なぜ自分たちが進んで志願しないんだね」

朝鮮内で、このような考えを持たない人は、当時としては一人もいなかった。しかし、これほど心に突きささる言葉をかけられたのも初めてであった。事の判断には、字を一つ二つ余計に知っている、いないはあまり関係がないようだった。

（『ああ月桂冠に涙―孫基禎自伝』）

孫は朝鮮の著名な知識人たちと肩を並べる存在となっており、自伝で語っている朝鮮人とはいまや別の世界にいた。

孫基禎を取り巻く人々もその多くは植民地朝鮮でそれなりの地位の人々であった。学徒先輩中堅団でともに咸鏡北道を訪れた趙寅相は養正高普陸上競技部の先輩であり、彼は総督府の御用新聞であった『京城日報』の政治部記者でもあった。

朝鮮総督府学務局に勤めていた鄭商熙も同じく養正高普陸上競技部の先輩にあたり、朝鮮体育協会の理事や、朝鮮陸上競技連盟の役員を歴任し、のちに京城府の府会議員へと転身している。

孫も、朝鮮陸上連盟の会長であり貯蓄銀行の頭取であった伊森明治に朝鮮貯蓄銀行での職を紹介してもらうなど、孫の生活圏に存在する人とのしがらみは帝国日本と切り離せないものとなっていた。

孫基禎はこの学徒志願兵への呼びかけについて自責の念に強く駆られ、晩年には「映画『ホタル』のなかで、特攻で死んでいった金山少尉を生んだのは、私の責任である」（『評伝孫基禎』）と述べ、深く後悔していたという。

映画『ホタル』は、アジア・太平洋戦争末期の鹿児島県知覧を舞台に特攻機の搭乗員に触れた物語である（日本は二〇〇一年、韓国では〇二年公開）。その重要な登場人物の一人が朝鮮人特攻兵金山文隆少尉ことキム・ソンジェ。モデルとなった実在の人物は光山文博、朝鮮名を卓庚鉉《タク・キョンヒョン》といった。

彼を志願兵として神風特別攻撃隊に送ったのは孫基禎ではなかったが、その死を悼む思いは彼が募集に携わった朝鮮人青年たちに向けられていたのだろう。

朝鮮人学徒志願兵で最初に戦死した「光山昌秀」は咸鏡北道の出身であったという。孫が学徒先輩中堅団として訪れた地の朝鮮人青年であった。

妻の死

一九四四年、朝鮮人学徒志願兵の募集に応じ、その任を終えた孫に不幸が訪れる。

五月、妻の姜福信がこの世を去ったのだ。肝炎を患っていたという。享年二九。孫基禎はさまざまな苦難に耐えてきたけれども、このときほど悲しみに暮れたことはなかったのではないだろうか。

アジア・太平洋戦争が始まり、総力戦体制のなかで朝鮮も一九四三年八月に徴兵制（改正兵役法）が施行されると、人的資源として軍人・軍属として戦地に駆り出される者が増えていく。あるいは徴用工として工場、鉱山、危険な工事現場へ向かう者もいた。

民族主義者たちは転向して朝鮮臨戦報国団や国民総力朝鮮連盟などを中心に対日協力を行うようになっていた。そして朝鮮総督府の諮問機関である中枢院や各道の知事や議員を務めるものたちは一蓮托生のなかで帝国日本の崩壊を迎えていく。

戦時のこうした状況では、もうスポーツどころではなかった。二人の出会いと二人の生き方を導いてくれたスポーツのない世界で姜福信は旅立ってしまった。朝鮮にスポーツが戻ってくる日は、あと一年と少し待たねばならなかった。

第5章

解放後の世界で

過去の栄光と呪縛

1 一九四七年、ボストンマラソン出場

自由解放慶祝総合競技大会と太極旗

一九四五年八月一五日、ポツダム宣言受諾を知らせる玉音放送が流れた。帝国日本は連合国に無条件降伏し、帝国日本の時代は終わった。朝鮮は植民地支配から解放されたのである。歓喜にあふれる朝鮮民衆たちの姿とは裏腹に朝鮮知識人らは二つの点で憂鬱であった。一つはこの解放が朝鮮民族による自主独立ではなかったことである。民族独立が自らの手で勝ち取れなかったことは民族運動をリードしてきた朝鮮知識人にとってはショックであった。ソ連とアメリカが北緯三八度を境界線にしてそれぞれの管理区域を設定した結果、解放は朝鮮民族の自由を保証するものではなくなっていた。朝鮮知識人にとってはいきなりの挫折であった。

もう一つは朝鮮総督府を中心とする植民地権力との協力関係を築いてきた朝鮮知識人がいたことである。彼らはいずれ来るであろう断罪のときを戦々恐々と待たねばならなかった。前者の朝鮮知識人らは中道左派の民族運動家で著名な呂運亨《ヨ・ウニョン》や安在鴻《アン・ジェホン》らであり、後者は例えば前章で触れた金性洙や宋鎮禹を中心とする東亜日報グループの人々であった。両者

には相容れないところはあったが、スポーツを朝鮮社会で普及させていくには、両者の協力が必要であった。

解放後、いち早くスポーツ活動を開始したのは李相佰である。大日本体育協会の理事を務め、一九三二年のロサンゼルス五輪と三六年のベルリン五輪の両大会に役員として代表選手団と行動をともにした人物である。一九四〇年に予定された東京五輪では準備委員も務め、帝国日本のスポーツ界で外地出身者としては最も知られていた。李は一九三九年に外務省から中国へ派遣され、中国のスポーツ事情の報告もしている。その後、呂運亨の影響を受け、一九四四年に呂運亨の組織した建国同盟に入り活動していた。建国同盟は日本の敗戦を見越して建国の準備をするために結成された組織である。

李相佰は一九四五年九月に朝鮮体育同志会（以下、同志会）を組織し、アメリカ進駐軍とのスポーツ交流に着手した。同志会は植民地期に解散させられた朝鮮体育会の再建のために結成されたという。朝鮮体育会は一九二〇年に民族の体育・スポーツの発展のために発足した組織だったが、三八年に解散を余儀なくされ、日本の朝鮮体育協会に吸収合併されていた。孫基禎はこの同志会のメンバーに入る。

翌一〇月二七日から五日間にわたって自由解放慶祝総合競技大会（以下、解放慶祝大会）がソウル運動場で開催された。李相佰はこの大会の大会委員長を務めている。この大会には

自由解放慶祝総合競技大会で旗手を務める孫基禎（左），1945年10月27日

初代大統領となる李承晩《イ・スンマン》が来賓として招かれ、呂運亨も参席するなか、孫基禎が旗手を務めた。多くの観衆が見守るなか孫は太極旗を掲げて行進した。

孫基禎を見た李承晩は式辞で「太極旗を先頭に進む行列のなかの孫基禎君を見て、世界的に我々朝鮮人の名を轟かせたことを思い出し、この上ない感激を感じた。我々はこの世界的選手である孫君のためにともに拍手を送りましょう」（『自由新聞』一九四五年一〇月二八日）と述べている。

マラソン制覇一〇周年記念式典

一九四五年一一月二六日、同志会は解散し、朝鮮体育会が再組織された。第一一代会長として呂運亨が、副会長には兪億兼と中国権の二名が就任した。孫基禎はこのとき朝鮮体育会の委員に入っていないが、翌一九四六年二月二六日の組織の改編時に南昇龍とともに評議員の職に就いている。

三月になると第二次世界大戦後初のオリンピックとなる一九四八年のロンドン五輪への出場について検討が始まる。一九四六年八月は孫基禎がベルリン五輪で金メダルを獲得した一〇周年に当たり、その栄誉を称えてマラソン制覇記念事業の計画も始まっていた。孫基禎は朝鮮の各道を巡回し、青少年のための体育・スポーツの普及に努め始めるなど、解放後のスポーツ振興活動にも携わっていた。またソウルの映画館ではレニ・リーフェンシュタールの『民族の祭典』が上映されていたともいう。

四月には第一回全国マラソン大会が開催された。同大会で優勝した徐《ソ》・潤福《ユンボク》は二時間三九分三〇秒という好タイムを記録した。彼は、一年後、ボストンマラソンで二時間二五分三九秒の世界最高記録で優勝し、解放後の民族の英雄として孫基禎を凌ぐほど注目されることになる。

このマラソン大会には朝鮮体育会の副会長で文教部（文科省に当たる）長官だった兪億兼が来賓として参席していた。兪は総力戦期に朝鮮人学徒を戦地へ送ることに協力した人物である。祝辞で「先の一九三六年伯林で朝鮮人としてマラソン種目に世界最高記録を打ち立て、朝鮮民族の存在を世界に輝かせた孫基禎君をはじめとする諸氏の功績は永遠に国際オリンピック大会の歴史に残るのである」（『中央新聞』一九四六年四月二七日）と述べ、若き朝鮮人青年らに向けて、国際舞台で活躍し、世界の空に太極旗を掲げるようにと鼓舞した。

八月二〇日、東亜日報主催のマラソン制覇記念一〇周年記念式典が朝鮮王朝時代の宮殿であった徳寿宮《トクスグン》で盛大に催された。この式典の名誉会長には金性洙、会長に兪億兼、総務委員と式典委員には日章旗抹消事件を主導した李吉用が就いていた。孫基禎と南昇龍は式典に招かれ、李承晩や大韓民国臨時政府主席金九から祝辞を受けた。

李承晩は次のように語っている。

我々の民族は日帝の弾圧の下でただ衣食をし、息をするだけだった。生ける屍《しかばね》に過ぎなかった。そうした逆境のなかで孫基禎、南昇龍二人の選手が朝鮮の名誉のために世界の舞台で闘い、勝利を収めた。我々三〇〇〇万の民族も二人の選手のように不屈の闘志を発揮しよう。（『大韓体育会九〇年史』）

続いて金九は次のような言葉を二人に贈っている。

私は今日まで世界を制覇した孫基禎のために三度涙した。一〇年前、ベルリンで亡国の民の一青年として世界の列強の若者たちと死闘を演じて優勝したが、朝鮮人であるにもかかわらず、朝鮮人として振舞えず、新聞紙上で君たちの胸についた日章旗を見ながら私は涙し、太平洋戦争が起こったとき、中国の重慶では朝鮮青年孫基禎が日本軍に志願、フィリピンで戦死したという知らせが耳に入り哀れに思い涙した。そして今日亡くなったと思っていた孫君を光復後の祖国の地で見え、感激で再び涙を流してしまった。

(同前)

金九のこの式辞は「三度の涙」と称され、孫基禎へ送った言葉としてよく知られている。ただここでの二度目の涙は民族の英雄が帝国日本の兵士として志願のうえ戦死したという話になっている。この話は他の地域で聞かれないことから重慶で流布したうわさだったのだろう。

しかし孫基禎が志願したうえに戦死したという話は意味深長である。また、帝国日本の軍人・軍属として戦地に赴いた朝鮮人たちが解放後に親日派だと後ろ指をさされて苦悩し続けたことを考えると複雑な気持ちにさせられる。対日協力として朝鮮人青年たちを戦地へ送る役割を果たした金性洙や兪億兼は式典中のこの言葉をどのように聞き感じただろうか。

一九四六年は同じ徳寿宮でも東亜日報社主催の他の行事にも孫基禎は民族の英雄として招

かれている。一〇月九日に開催されたハングル頒布記念式である。ハングルは民族を象徴する文字であり文化である。この年、朝鮮王朝の第四代国王世宗《セジョン》がハングルを頒布してから五〇〇周年であったため、その記念式典が開かれた。式典の開会を飾るのが駅伝だった。驪《ヨ》州《ジュ》にある世宗大王の陵から徳寿宮までを結ぶ大駅伝が催されると、孫は最終ランナーを務めている。孫は徳寿宮に詰めかけた一万人余りの群衆の歓声と拍手のなか登場し、式典に花を添える役割を果たしたのだった。

ボストンマラソン参加の模索

この時期、孫基禎は金恩培、権泰夏、南昇龍ら朝鮮人オリンピアンと顔を合わすなか、マラソンの普及を目的として一九四六年八月九日にマラソン普及会を組織した。委員長は権泰夏、総務は金恩培、そして指導員に孫基禎と南昇龍が就いた。

マラソン普及会の活動をするなか孫基禎は「ボストンマラソン」を目にする。かつてベルリン五輪でともにマラソンを走ったアメリカ人選手ジョン・ケリーから「私〔孫基禎〕があげたあの神秘的な運動靴の神通力のおかげで、ボストンマラソンに優勝したという喜びと感謝」の葉書が届いたからだ。ジョン・ケリーは一九三五年に続き四五年四月のボストンマラソンで優勝している。このときの優勝報告の葉書を孫へと送ったのだろう。

ジョン・ケリーはベルリン五輪のとき、孫基禎の履く足袋《たび》型シューズが孫の強さの秘訣《ひけつ》なのだと思い、そのシューズに強い関心を抱いていた。孫は自分のシューズを一つ彼にプレゼントしていた。

この一通の葉書をきっかけに孫らはボストンマラソン出場を模索する。そして米軍政庁を通してボストンマラソンの大会組織委員会へと連絡を入れてもらい、正式に招請状をもらうことになった。ボストンマラソンへの参加がスムーズに了承されたのは孫がベルリン五輪の金メダリストであったからだ。孫はアメリカで最も名を知られた東洋のマラソンランナーであった。『領南日報』は孫がボストンマラソンに出場することを次のように報じている。

米国ボストンで開催される第五一回世界マラソン大会は、来る四月一八日に挙行されることになっているが、朝鮮通信社長金丞植氏は本大会に朝鮮代表選手として孫基禎、徐潤福君の出戦を要請している。これに対して金丞植氏は大会本部から送られている諸般手続書類が到着してから軍政当局と陸上競技連盟と相議し、両選手を帯同して渡米する予定だという。

（『領南日報』一九四七年二月二八日）

金丞植は一九四五年一二月に朝鮮陸上競技連盟（以下、陸連）が発足すると、翌年一月に会長に就任していた。金はアメリカへの留学経験があり、アメリカとつながりをつくることに適していたのだろう。このとき孫基禎は陸連の理事を務めていた。

その後、ボストンマラソンに朝鮮から参加する選手は孫基禎、南昇龍、徐潤福の三名に決定した。参加費用の多くは米軍政庁の将校、長官らが負担してくれたと孫は自伝で記している。しかし『東亜日報』(一九四七年四月三日)は在米コリアンで元延禧専門学校(現延世大学)校長の元漢慶が五〇〇〇ドルを寄付し、米軍政庁のラチ長官代理から一五〇〇ドルの寄付があったと報じている。『ソウル夕刊』(一九四七年四月四日)も同様の記事を載せている。いずれにせよ三選手がボストンに行くにはアメリカの力と援助が重要であり、アメリカにとっても朝鮮人選手参加はアメリカと朝鮮の親睦を強調することにつながった。

徐潤福の世界記録での優勝

孫基禎は選手として参加予定だったがすでに三五歳である。孫はボストンマラソンの抱負を何度も求められているが、そのたびに徐潤福が優勝候補であると語っている。

四月二日、かつて朝鮮総督府があった米軍政庁の庭で三名の壮行会が催された。その席で孫基禎は次のように述べている。

一一年前にベルリンで開催された世界オリンピックマラソンに日章旗マークをつけ、傷ついた気持ちで参加しましたが、今、再び朝鮮代表の資格で国際舞台に上がることになったのは素晴らしいことです。今回出場するのは優勝を目標とするよりも徐潤福選手を助けることが第一の大きな義務です。出発する軍政庁前広場は一一年前には総督府であり、また今日は米軍政庁であることを悲しく思います。我々が戻ってくるときは我々の国家政府の広場になっていることを心より祝願します。

（『ソウル夕刊』一九四七年四月四日）

孫基禎はマラソン普及会を組織したときに、才能ある若い選手を見つけ、その選手たちを育てていくことを目的としていた。一九二三年生まれで二四歳だった徐潤福の才能に孫は期待しチャンスを与えたかったのだろう。自らのボストンマラソン参加は徐のためのお膳立てだった。また孫は米軍統治下の当時の朝鮮の状況を憂いていることも、この発言からわかる。

四月三日、三名は米軍政府が手配した輸送機に乗って金浦飛行場を発ち、東京で一泊してからアメリカに向かった。その後サンフランシスコを経由して四月一〇日にボストンに到着する。出発前は参加の意向を示していた孫基禎は足を痛めていたこともあり棄権し、徐潤福と南昇龍がレースに参加することになった。

ボストンマラソンでゴールのテープを切る徐潤福（1947年4月19日）

四月一九日、快晴のなか正午に第五一回ボストンマラソンが開幕した。徐潤福は近づいてきた犬に走路を邪魔され、転倒するアクシデントに見舞われたものの、懸命に走り続けた。三一キロ過ぎの急な上り坂で仕掛けた結果、先頭を走っていたフィンランドのヒッタネンをとらえ追い越した。徐はそのままゴールインして優勝した。

南昇龍は二時間四〇分一〇秒の好タイムで一二位と健闘した。孫基禎は徐の優勝について「徐選手の優勝を確信していた」とコメントしている。

徐潤福の二時間二五分三九秒は当時の世界最高記録である。この優勝は南側の朝鮮人にとってはベルリン五輪の孫基禎の金メダルを彷彿させるものだった。朝鮮知識人は徐の優勝に興奮し、その勝利に朝鮮民族が国際的に優秀な民族の証だと語った。三人のボストンマラソン参加のために五〇〇〇ドルを寄付した元漢慶は次のように述べている。

今回の大会の一等は必ず朝鮮選手が果たしてくれると固く信じていた。解放はされたが、いまだにはっきりとした国際的発言権がない朝鮮民族が、〔世界のランナーが〕一つの場所に集められたこの大会で世界新記録を出して堂々と優勝し、太極旗を空高く掲げたことは朝鮮民族の実力を全世界に知らしめたことであり、今後の朝鮮統一問題に大きな励みになると信じる。

（『嶺南日報』一九四七年四月二二日）

また、徐潤福は自らの優勝について次のように感想を寄せている。

私の勝利は我々の祖国を解放してくれて私に自由な体で競技する機会を与えてくれた米軍のおかげです。私は特に私と私の同僚が米国に来ることができるように献金してくれた朝鮮の米軍政庁の米国人たちに感謝します。

（『自由新聞』一九四七年四月二一日）

徐潤福は朝鮮知識人の感じている憂鬱とは裏腹に、いまある自分の状況とその夢を叶えてくれたアメリカ軍に対して感謝の言葉を述べている。アスリートにとって重要なことはまず競技に参加することだからだ。新聞の見出しは「私の勝利は独立の象徴」だったが、それは自主独立ではなく、実際はアメリカによる独立だった。国際的な独立の承認の機会を得るには国際的に承認されるスポーツ大会への参加が重要であった。

ロンドン五輪出場への道

ボストンマラソンで優勝した徐潤福とともに孫基禎は六月二二日に仁川《インチョン》に帰港した。英雄徐の凱旋である。朝鮮の人々は新たな民族の英雄の出現に興奮していた。徐がボストンマラソンで優勝してから、連日、徐の話題が新聞紙面にあふれていた。

しかしこの興奮の一方で朝鮮体育会の関係者は一九四八年七月開催予定のロンドン五輪への参加を模索していた。孫基禎と徐潤福らの帰国時はロンドン五輪参加のための最終段階にあった。

第二次世界大戦後、国際オリンピック委員会（以下ＩＯＣ）でロンドンでの五輪開催が決定されたのは一九四五年一〇月である。解放後、一九四六年六月六日にはオリンピック対策委員会（以下、対策委員会）の結成会が行われ、各競技団体から代表一名ずつを対策委員会に出席するよう通達し五輪参加の模索が始まる。七月三日の『大韓独立新聞』には対策委員会の召集メンバーが記載されており、孫基禎もメンバーの一人だった。

しかし、この時点でオリンピック対策に重要な人物が欠けていた。李相佰である。先述したように李は一九三二年、三六年と二度オリンピックに大日本体育協会の役員として随行し、

ＩＯＣと人脈を築いていた数少ない人物だった。

ただ植民地期における李の〝輝かしい〟経歴は対日協力者に映り、好ましくないと思う人たちがいた。そのため李は解放慶祝大会を取り仕切った後、スポーツ活動のリーダー的立場からは退いていた。

しかしロンドン五輪を目指す朝鮮体育会は李相佰の力がどうしても必要だった。一九四七年七月一五日に対策委員会は李相佰を副委員長に抜擢《ばってき》し、実質上ロンドン五輪参加の責任者とする。二年に満たない期間ですべての手続きを済ませて、代表団をロンドンに送るためには彼が必要だった。

九月に孫基禎らオリンピアン四名が連名で朝鮮のオリンピック参加を要望するメッセージをアメリカのスポーツ関係者らに向けて発信する。まずはアメリカの支持を取り付けようとした。

一二月の段階で李相佰がＩＯＣ側と交渉していくなかで参加可能な手応えを得る。交渉相手はアメリカのアベリー・ブランデージ。ブランデージはのちに一九五二～七二年までＩＯＣ会長を務める。ブランデージはこのときＩＯＣの副会長だった。李はロサンゼルス五輪でブランデージと知り合って以来、近しい間柄であった。そのブランデージが十分可能性があると背中を押してくれていた。対策委員会委員長であった兪億兼は、この時期オリンピックの参加について次のように述べている。

過去に日帝時代でも、もし日本が反対だけしないで、朝鮮にNOC〔国内オリンピック委員会〕のみでもあれば、朝鮮単位で参加することもできたのである。オリンピック参加に独立国家と属領保護国家の差別がないだけでなく、一国の領土であっても独立前のフィリピンのように一個のNOCとして参加を許可した例がある。どの点から見ても朝鮮は十分に参加する資格があり、政治的に我々の参加を阻害する日本帝国主義がない以上、我々の参加を拒否する理由と根拠はないと信じている。

（『大韓独立新聞』一九四六年一二月三一日）

対策委員会及び朝鮮体育会もロンドン五輪の参加は可能という認識を共有し始めていた。ただしそれには手続きを進めねばならなかった。オリンピック参加のために国内オリンピック委員会（NOC）を組織しIOCに承認してもらう必要があった。そのために三種目以上の国内の競技連盟が国際競技連盟に加盟する必要があった。

幸い一九四七年四月二九日の段階で陸上競技、サッカー、バスケットボール、レスリングの四競技の連盟加入が認められ、NOC発足の条件を満たしていた。残るは六月にストックホルムで開催されるＩＯＣ総会に出席して正式にＮＯＣとして承認を得るだけだった。

ストックホルムには、田耕武《チョン・ギョンム》が向かった。田は六月一七日に開催されるＩＯＣ総会を目指し五月二九日に日本の厚木飛行場から米軍用機に乗り込んだ。ところが田が乗る米軍用機は離陸後すぐに乱気流に巻き込まれて墜落し、田を失ってしまう。朝鮮からだと間に合わないため貿易商の在米コリアン李元淳《イ・ウォンスン》がＩＯＣ総会に急遽出席し一九四七年六月二〇日、南側の朝鮮は「KOREA」の呼称でＩＯＣに加盟した。

一九四八年七月二九日、一七日間にわたるロンドン五輪が開幕し、朝鮮代表が太極旗を掲げて初めてオリンピックに出場した。選手五〇名、役員などその他一七名の参加だった。ロンドン五輪には五九の国や地域が参加していた。敗戦国の日本やドイツの参加は認められなかった。孫基禎は陸上競技のトレーナーとして随行している。マラソンには徐潤福、崔崙七《チェユンチル》、洪鍾五、咸基鎔の四名がロンドンに行き、徐、崔、洪の三名がマラソンに出場した。

ただ三人ともに好成績は出せず、ロンドン五輪で英雄は生まれなかった。

八月下旬に選手団が戻ってきたとき、祖国の地に大韓民国が成立していた。

2 南北分断時代へ——朝鮮戦争から国籍回復事件まで

一・二・三位独占させた監督として

ロンドン五輪でのマラソンは惨敗だった。マラソンには一九四七年のボストンマラソンを制覇した徐潤福が出場し、参加前にはオリンピックでの金メダル覇も夢ではないと思われていただけに世間からの風当たりは強かった。その非難の矛先は孫基禎にも向いていた。選手団がロンドン五輪の参加に漕ぎ着けただけでも奇跡的ではあったのだが、朝鮮半島が分断されるなかで大韓民国のナショナリズムを高めるためにスポーツでの活躍は過剰に期待されたのだろう。

一九四九年、孫基禎は名誉挽回を期して徐潤福らと再びボストンマラソンでの優勝を目指す。孫はこの年の四月に監督としてボストンマラソンへ参加する予定となっていた。しかし、そうした孫の思いとは裏腹にボストンマラソンへの参加は、大韓民国陸上競技連盟（以下、陸連）の旅費の調達、遠征の日程調整がうまくいかず、派遣選手らのボストンへの出発が何度も延期された。度重なる予定変更のなかで選手らのコンディション維持は難しかった。これに業を煮やした孫基禎は、短期のボストン滞在では選手たちがよい結果を残すことは難しいと、徐潤福とともに出発を拒否する。結局、その後の陸連の説得に応じた徐潤福ら三選手のみがボストンへ向かうこととなった。

四月一一日の出発当日、金浦空港に選手らと孫基禎が着くと、なぜか孫とは違うコーチが選手らの引率のために搭乗することになっていた。このことを不審に思った孫基禎は徐潤福と洪鍾五とともにソウルに戻ろうとしたのだが、そのなかの何人かがこうした陸連の対応に我慢できず、空港に居合わせた陸連側の役員らに暴行を加えてしまう。結局この事件でボストンマラソンへは不参加となった。

他方で空港での暴行事件は各紙で報じられ、孫は事件の一週間後に暴行罪の嫌疑で拘束されたが、暴行罪の適用にはいたらないと翌日に釈放されている。ただこの暴行事件の影響で大韓陸上競技連盟の改造が行われることになった。

一九五〇年四月、孫基禎は再びボストンマラソンへと挑戦する。孫は監督・コーチとして崔崙七、咸基鎔、宋吉允《ソン・キリュン》の三名の選手を引率した。そして、この第五四大会を制したのは二時間三二分三九秒のタイムの咸基鎔であった。宋は二位、崔も三位となり、表彰台を韓国勢が独占した。孫はコンディションが悪かった崔がゴールまで走り切った瞬間、その奮闘ぶりに大泣きしたという。

この勝利は第五一回大会の徐潤福の優勝同様、韓国スポーツ界にとっての快挙であり、孫はその歓喜の中心にいた。

六月三日、帰国した孫基禎と選手たちは大歓迎を受けた。大統領李承晩は孫の手を固く握り、労いの言葉をかけたという。翌日にはソウル運動場でボストンマラソンを制覇した選手団のための歓迎会が催された。李承晩も参席して祝辞を述べている。孫はこの席で李承晩や応援してくれた人たちへの感謝を述べ、次のような言葉で締め括っている。

最後にお願いですが、選手たちに英雄心を与えず、選手たちを商品化せず、選手たちを政治道具化しないことを強く願います。（『自由新聞』一九五〇年六月五日）

この最後の言葉は孫にとって切実なものであっただろう。帝国日本と朝鮮民族との間で翻弄されてきた孫は、後進の選手らが政治的に利用されることを危惧していた。この時期は朝鮮半島が分断され、「韓国」のナショナリズムがより必要とされていた時期でもあり、スポーツによって高まるナショナリズムが相対する北朝鮮への反共スローガンとともに利用される可能性が高かったからである。

朝鮮戦争の勃発と逃避行

凱旋帰国から三週間後の一九五〇年六月二五日、北朝鮮が韓国へ侵攻し朝鮮戦争が勃発する。一九五三年に休戦協定を結んで戦争は収束したものの、この戦争で朝鮮半島は疲弊し、韓国では一三〇万人が命を失い、多くの離散家族を生み出した。

このとき孫基禎も逃亡生活を余儀なくされる。孫は戦火から逃れるために南下しつつ、マラソン普及会を中心に活動を続け、一九五一年の第五五回のボストンマラソンも目指した。しかしボストン陸上競技協会の会長は韓国チームの参加に対して反対を表明していた。「韓国の選手たちは、当然国にとどまって戦うべきだ。わが米国の若い青年たちは、いまも韓国を守護する目的で遠く祖国を離れた土地で勇敢に戦っているではないか」。それが理由であった。戦争が孫の挑戦を不可能にしていた。

朝鮮戦争では南から北へ知識人や著名人が数多く連れ去られた。東亜日報社の記者で日章旗抹消事件を主導した李吉用もその一人で、北朝鮮軍に連れ去られたまま行方がわからなくなっている。

孫基禎の消息も危ぶまれていた。一九五〇年一一月八日の『毎日新聞』には「孫君は生きていた」という見出しで、ロンドン五輪で選手団の総務を務めた金龍九《キム・ヨング》からの手紙が掲載され、孫が生きてソウルに戻ってきたときのことを次のように報じている。

孫選手が生きて京城《ソウル》にもどるとは誰も信じなかった。李承晩大統領に可愛がられ米国にも日本にも知人の多い彼は当然政治犯として処刑されたものと信ぜられていた。〔中略〕孫はやがてやせおとろえて見る影もない姿をどこからともなく現わした。しょう煙のただよう中で最初私は幽霊ではないかと怪しんだほどだ。しかしその後ボストン・マラソンに勇名をはせた徐潤福、咸基鎔、崔崙七の三選手らも穴から出てきた。南方に逃げたオリンピックの選手たちが次ぎ次ぎと京城に戻ってきた。われわれはいまオリンピック部隊を作って復興作業に精出している。（『毎日新聞』一九五〇年一一月八日）

孫基禎自身が政治と無関係でいたいと思うのとは裏腹に、孫を知る者は、孫が李承晩のような大物政治家や多くの日本人、アメリカ人と親交があったため北朝鮮軍のターゲットになる可能性が高いと考えていた。しかし孫は戦火を生き延び、北朝鮮軍に捕われることなく京城へと戻っていた。

北朝鮮の恩師への複雑な思い

朝鮮戦争をきっかけに、孫の北朝鮮への思いは複雑なものとなっていく。

故郷の新義州に戻れなくなったこともそうだが、北朝鮮の軍隊から命からがら逃げのびた経験、またその後の話になるが、一九六四年の東京五輪での南北統一チームの実現のために北朝鮮側の代表と議論したことがよりその思いを強くしていく。

　この南北統一チームを目指した南北会談は第一回が一九六三年一月にスイスのローザンヌで開催された。

　孫は北朝鮮側との会談に韓国側の代表団のひとりとして臨み、大筋で合意にいたったものの、続く五月に香港で開かれた第二回の会談では物別れに終わり、その実現の難しさを痛感する。

　この時期、北朝鮮の陸上競技協会の委員長は孫基禎の小学校時代の恩師であった李一成が務めていたという。ベルリン五輪で孫が優勝し、汝矣島の飛行場に凱旋したとき、平安北道の地から出てきて孫を出迎え、その勇姿を見にきてくれた恩師である。

　南北の間に引かれた境界線は孫から故郷の地と人との関係を切り離し、もう元には戻せないものとなっていた。

東京五輪直前の「親日」発言問題

　さて、ベルリン五輪直後、『東亜日報』紙で問題化した日章旗抹消事件は、東亜日報社にとっては解放後の世界のなかで民族運動を主導した揺るぎない証拠として存在し続けた。東亜日報社は解放後にはマラソン制覇一〇周年記念式典を盛大に催し、それ以降も一〇年ごとに日章旗抹消事件の特集や孫基禎のベルリン制覇を祝う記事を掲載する。日章旗抹消事件と孫基禎は帝国日本に抵抗した象徴として民族の記憶となり、解放後の世界でも紙面を通じてその記憶が何度も想起されることになった。

東亜日報社は二一世紀のいまもなお経営者の金性洙が対日協力者として非難を受けることもあり、植民地期の日章旗抹消事件が対日協力のイメージを打ち消す力となっているともいえよう。

一方で孫基禎は日本に多くの知人がいた。ベルリン五輪後に明治大学で学生時代を過ごしたことからも、日本の事情に明るく、もちろん日本語も堪能だった。そのため日本のメディアの取材を受けることも多かった。

一九六四年の東京五輪を前にして、日本の新聞社に語った内容が韓国で大きな問題となる。一〇月一〇日開会のほぼ一ヵ月前、『産経新聞』(一九六四年九月八日付)に「マラソンは日本が勝て!」との見出しとともにインタビューが掲載され、孫が日本のマラソンを応援しているかのように扱われていた。

この時期の韓国マラソン界は停滞期であり、東京五輪でもメダルへの期待が薄かった。それを踏まえて孫は日本を含むアジアの国が優勝することを期待しているという旨のコメントをしていた。特に日本勢にいいタイムを持つ選手らがいることに言及したのだった。にもかかわらず、「マラソンは日本が勝て！」との見出しに、韓国のメディアが「親日」的発言だとして問題視したのだ。

孫基禎は産経新聞社に抗議し、産経新聞社側も孫個人に迷惑をかけたことに対して謝罪したが、記事内容の撤回にはいたらなかった。

우리榮光 他民族에 돌릴수 없어

이미 했어야할일… 擧事순간 感激의 통곡

孫선수의 國籍을 회복시킨뒤 만세를 부르고 있는 朴議員부부。

国籍回復事件を報じる『東亜日報』（1970年9月10日）

孫は韓国のメディアに記事が発言内容とは違うと反論し、この「親日」発言問題は一応の終止符が打たれた。しかし、ほんのちょっとした発言が「親日」問題と批判される可能性を秘めており、孫は韓国という国家のナショナリズムをより強く意識せねばならなかった。

国籍回復事件――国会議員の勇み足

一九七〇年八月には孫基禎の国籍の記載をめぐって一つの事件が起きる。

八月一五日、韓国で光復節に当たるこの日にベルリンを訪れた韓国の国会議員朴永禄《パク・ヨンノク》が、オリンピックスタジアムの石壁に刻まれた孫基禎の国籍「JAPAN」を鏨《たがね》と金槌を使って削り取り「KOREA」と刻み直し、スタジアムを後にしたのである。

妻と二人で夜中にスタジアムに忍び込み、午前〇時から始めた作業は四、五時間もかかったという。しかし彼らの行動はスタジアムを管理する職員にも気づかれなかった。ただこうした行為が民族意識の発露とはいえ、正式な手続きを取っていなかったことは明らかであり、朴永禄は不法侵入および公共財産破壊の容疑で西ドイツ警察から逮捕状が出された。結局、朴は逮捕されることなく帰国したが、その後、西ドイツは「KOREA」を「JAPAN」に戻している。

朴永禄は一九二二年に生まれた。孫基禎のベルリン五輪での金メダル、また日章旗抹消事件について若い頃から関心があったという。当時は、朴正熙政権下の最大野党である新民党所属の議員で、ベルリンスタジアムの孫基禎の国籍が「JAPAN」になっていることを知り、改めねばならないと思っていたという。

「KOREA」と刻み直した直後の八月一六日、朴永禄は大統領の朴正熙に電話をかけている。

朴永禄は大統領に「これで私のできることはすべてやったので、将来的には政府が再び辱めの記録が蘇ってこないように最大の努力を尽くしていただきたい」と述べ、さらに「民族が心に抱いている思いを和らげることができるように孫選手を「ベルリン」に急ぎ派遣してくれることをお願いした」（『東亜日報』一九七〇年八月一八日）とも述べている。

ただし、このときの朴永禄の行動が多くの韓国人から支持されたかというとそうではなかった。民主共和党などの与党議員はもちろんメディアも愛国心は評価しながらも、行き過ぎた行為と批判し、またそれを国会議員がやるべきなのかという冷静な意見が取り交わされていた。

では、孫基禎本人はこの事件に関してどのように思っていたのか。

孫は「わたしは韓国に生れ、育ってきた。国籍はあくまで韓国であって、日本にすべきでない」（『朝日新聞』一九七〇年九月一〇日）と語り、朴永禄の行為の正当性を当事者の立場からフォローしている。孫は帰国した朴永禄に会い、感謝の言葉を伝えたという。

この事件については二年後に孫は次のようにコメントを寄せている。

　ご本人〔朴永禄〕は準備して行ったらしい。戻ってきて〝やることをやってきた〟といわれるので、こちらとしては〝ご苦労さまでした〟としかいえなかった。〔中略〕東亜日報の日章旗まっ殺事件のときは、みんなが是認した。民族主義的な現実感があった。しかし記念碑事件になると、ああまでしなくてもという人も現れる。これは私につけられた日本という国名がすでに歴史的なものになっているからだ。われわれにとっては日本とあるのが、逆に〝国なし時代〟を思い出させる教訓とはいえぬか。（『朝日新聞』一九七二年七月六日）

孫のコメントはここでは若干トーンが変わっている。朴永禄の行為が批判にさらされ、この国籍回復事件の後にもＩＯＣがベルリンスタジアムの壁に刻まれた国籍の変更に応じなかったことが影響しているのかもしれない。

「朝鮮民族」を背景とした日章旗抹消事件と「韓国」を背景とした国籍回復事件の温度差は明らかだった。そのため孫は刻まれた国名が「JAPAN」であることに「負の遺産」としての意義を見出そうとしていたのである。

さらに一ヵ月後にもこの事件について語っている。

復元（「JAPAN」）は国際オリンピック委員会が決めたことなのでやむを得ないと思う。しかしあのとき私は心のなかでは、日本のためではなく、韓国のために走った。日本の人は知らないかも知れないが、韓国では今でも「国無し時代の孫が優勝した」といっている。私も同じ気持ちだよ。

（『朝日新聞』一九七二年八月二六日）

孫基禎の発言で重要なのは、ベルリン五輪でのマラソンを「朝鮮民族」のためではなく、「韓国」のために走ったと明言していることだろう。国籍回復という国家のナショナリズムを強く意識させる出来事は、孫にとって、「韓国」を過去にも照射することになった。

3　ソウル五輪の誘致と聖火——スポーツ界の宿命

ソウル五輪の誘致活動

ドイツのバーデンバーデンで一九八八年の五輪の開催地が決定したのは八一年九月である。一九七九年に朴正煕政権のもとで五輪の誘致に取り組み始めたものの、一〇月に大統領の朴正煕が暗殺され、一度誘致の話は頓挫し、暗礁に乗り上げていた。

朴正煕亡き後にクーデターを起こして政権を引き継いだ全斗煥は五輪の誘致にゴーサインを出し、一気に五輪誘致ムードが高まった。財界の大物、現代財閥の鄭周永《チョン・ジュヨン》は誘致推進委員長として国の威信をかけてソウル五輪の実現に奔走した。

孫基禎は誘致使節団の一人として九月二〇日にバーデンバーデン入りした。

九月三〇日、IOC委員たちによる投票が始まった。最後の決選投票に残ったのは日本の名古屋と韓国のソウル。この最後の決選投票でソウルは名古屋に五二票対二七票の大差をつけ、前評判をひっくり返して圧勝する。韓国は政官財が一体となった総力戦でソウル五輪開催を勝ち取った。孫はこのときのことを振り返って自伝に次のように記している。

一九八八年のソウル・オリンピック開催が決定した一九八一年九月、バーデンバーデンにおけるあの感動は、いまも身震いするほど生々しい。私の生涯で、あれほど歓喜に酔いしれたという記憶がない。（『ああ月桂冠に涙―孫基禎自伝』）

韓国の威信をかけたオリンピック誘致活動に孫基禎は参加し、その誘致が決定した瞬間に立ち会ったのであった。オリンピック開催決定の歓喜と初めて母国で開催されるオリンピックへの期待と希望で孫は胸を膨らませていた。

民主化・学生運動との距離

五輪というビッグイベントの誘致に成功する一方で、当時韓国の国内は市民・学生たちによる民主化運動が活発化していた。

一九八〇年五月にソウルで民主化運動が始まると、全羅南道の光州市でも民主化を求める市民のデモが起こり、全斗煥政権はそれを軍隊によって制圧し、市民に多くの犠牲者を出した。光州事件である。この事件に代表されるように一九八〇年代の韓国は軍事政権に抵抗する民主化運動の波が押し寄せていた。

こうした民主化運動を行う市民たちにとってソウル五輪は「貴方がた（政府側）の祭典」でもあった。つまり韓国内で政府と民主化運動を行う市民らの間の対立はオリンピックへの認識に違いを生んでいた。

本書で何度も引用してきた『ああ月桂冠に涙―孫基禎自伝』は、ソウル五輪の誘致が決定し、こうした韓国での民主化運動のムードが高まっていた頃に著されたものである。ゆえにこの著書はソウル五輪に向け、日本人の支持を得るために出版されたとも言える。

出版当時、ソウル五輪の組織委員会委員長で、のちに全斗煥の後継者となる盧泰愚は、序に次のような文を寄稿している。

国権喪失の苦痛と戦争の残酷など、あらゆる悲劇をもたらしたこの試練の世紀に終止符を打って、我々は今日栄誉あるオリンピックの開催国になった。一九世紀が終了する激動期の世界史に賢明な対応ができなかったことによって経験した、過去のすべての苦難をのりこえ、我々は今や二一世紀に向けて一大飛躍の夢に充ちている。ソウル・オリンピックの開催はこの我々の夢を具体的に実現させる、はっきりした一つの契機になると確信している。

（『ああ月桂冠に涙―孫基禎自伝』）

韓国政府や韓国スポーツ界はソウル五輪の実現に向けて国内外へのアピールを懸命に行っていく必要があり、朝鮮半島の、韓国の苦難の歴史と孫基禎のライフヒストリーはその苦難の歴史を日本に伝える格好のモチーフでもあった。孫はこうした出版物で自身のライフヒストリーを提供しつつ、政府とともにソウル五輪の開催に向けて協力する姿勢を貫いていた。

ソウル五輪開催の前年に当たる一九八七年五月、ソウル大学の学生朴鍾哲《パク・ジョンチョル》が一月に拷問を受けて死亡していたことが明るみに出る。この事件に市民の怒りは頂点に達した。六月、民主化運動が過熱してくると、デモ中に警察側の放った催涙弾の破片を頭部に受けた延世大学の学生李韓烈《イ・ハニョル》が重傷を負い、のちに死亡する。

こうした学生の犠牲者が出るなか、ソウル五輪を控えた韓国政府の動向が世界の耳目を集めていた。このとき大統領であった盧泰愚はついに「六・二九民主化宣言」を発表し、翌年二月に平和的政権交代の実現を公約する。

政府のこうした民主化への移行の流れを受けて、孫基禎もソウル五輪の開催に向けて、韓国スポーツ界の代表者らと力を合わせてスポーツ界の民主化を図り、スポーツの自律性を高めていくことを求めていく。

一九八八年二月、孫は李性求《イ・ソング》ら元老体育人と呼ばれる人々とともに韓国スポーツ界の自律化を促す声明を政府に提出した。こうしたスポーツ界の民主化を企図する一方でこの元老体育人のグループはソウル五輪の実現に向けて学生らの運動に釘を刺すことも忘れなかった。六・二九民主化宣言によって市民の民主化運動は収束していったが、学生たちの運動は全国大学生代表者協議会（以下、全大協）を中心に継続されていた。

全大協はソウル五輪について「88オリンピックをどのように考えていますか？」という手記を残している。そこには全斗煥・盧泰愚政権がオリンピックを権力の正統性を維持するために利用しているという記述が見られる。オリンピックの暗部を照らそうとしていたのと同時に社会主義的な思想もそのバックグラウンドにはあった。

この全大協はソウル五輪が迫っていた八月一五日に北朝鮮の学生とも連携し、南北共同でオリンピックの共催に向けた話し合いを行う予定にしていた。そうした動きの機先を制したのが孫基禎らスポーツ界の元老らだった。

彼らは八月八日に泰陵《テルン》訓練院に集まり、汎体育人ソウルオリンピック成功祈念大会を開催し、決議文を採択した。

その決議文には全大協が求める「五輪の「共催」や「分散開催」論議は五輪の円滑な準備に支障を起こす」(『朝日新聞』一九八八年八月九日)として、全大協が行う北朝鮮学生との議論の中断を求める記載もあったという。

この時期の孫基禎はソウル五輪の実現に向けて組織委員会や政府に協力しながら、韓国スポーツ界に君臨する人物のひとりとしてソウル五輪開催の悲願を達成するために力を尽くしていた。英雄としてエスタブリッシュされた彼の立場は市民運動の側にはなく、政府の側にあったのはスポーツ界の宿命であったとも言えよう。

聖火リレーの〝幻の〟最終ランナー

ソウル五輪の大会組織委員会は聖火リレーの最終走者の選定で悩んでいた。

最終走者に関する世論調査を行った結果、孫基禎を支持する人々が二九%、一九八六年にソウルで開催されたアジア競技大会で八〇〇、一五〇〇、三〇〇〇メートルで三冠を獲得した林春愛を支持する人々が二七%だった。この二人のどちらかを最終走者として選ぶことにはなっていたが、どちらを選ぶか決めかねていた。

孫基禎が支持率で高かったものの、「ベルリンオリンピック大会のマラソン優勝者である孫基禎翁の年齢と、彼が植民地時代を象徴するという点を挙げて、反対する世論もかなりあった」(『ドキュメントソウル五輪』)という。孫は七五歳、林春愛は一九歳であった。そのため生まれ変わった韓国をアピールするために懸念される点がないわけではなかった。

大会組織委員長だった朴 世直《パク・セジク》は悩んだ末、孫基禎を最終走者にすることを決心する。

五輪開催の四日前の九月一三日に開会式のリハーサルがオリンピックスタジアムで行われた。孫は最終走者に選ばれたことをこのうえない栄誉であると感じ、「祖国でオリンピックが開かれ、しかもその最終ランナーに選ばれるなんて夢のなかにいるようです。あのとき金メダルをとった時以上だ」(『朝日新聞』一九八八年九月一七日)とのちに語っている。

しかし事態は一変する。この九月一三日のリハーサルを日本の『読売新聞』『東京新聞』が報じ、最終走者が孫基禎であることが明らかになったからだ。

大会組織委員会のなかで議論が再燃する。最終走者は開会式のその日その場で知ってもらってこそ意味がある。聖火リレーの最終走者を変更せざるを得ない。朴世直は孫と面会し、交代についての説明を行った。

孫は失望した様子で「そのように決まったのならしたがわざるを得ないでしょう」と答えたが、この変更劇に孫は怒り心頭に発し、当日の開会式に参加してくれるかさえ危ぶまれることになった。ソウル五輪の開催を待ち望み、それを開催決定の瞬間から見守り続けてきた孫は、ソウル五輪の選手団の団長を務める金集《キム・ジプ》の説得も聞き入れ、怒りと悔しさの感情を抑えて組織委員会の意向を受け入れる。

一九八八年九月一七日、韓国を象徴するソウル五輪が開幕した。アジアで二回目となるオリンピックの開催だった。

開会式にオリンピックの聖火が蚕室《チャムシル》オリンピックスタジアムの聖火台へと運ばれる。ファンファーレとともに聖火を持ったランナーがスタジアムに入ってきた。姿を現したのは一人の年老いたランナー孫基禎だった。

ベルリン五輪の英雄は喜びに満ちた姿を全身で表しながらトラックを駆けた。一〇数秒のランニングであった。世界の人々の前で帝国日本・朝鮮民族の英雄は、時を経て開催されたソウル五輪の開会式で、聖火リレーの走者を担い、韓国の次世代の若者たちへと聖火をつないだのだった。

終章

民族を背負った「英雄」とは

ベルリン五輪を前にして

ベルリン五輪の代表選手にまだ決まっていなかった一九三六年一月、前年一一月の第八回明治神宮大会のマラソンを二時間二六分四二秒で優勝した孫基禎は、東京でのそのときの体験を次のように綴っている。

東京神宮競技場片隅で数多くの人のなかに包まれて、歓呼と喝采を受けたその瞬間のことでした。私はなぜか心の片隅に寂しさとやるせない思いが込み上げてきて、私も知らないうちに自然と涙がはっきりと私の目頭ににじみ出てくることを感じました。もちろん、この言葉を聞いた皆さんはあまりにも嬉しくて湧き上がってきた涙ではないかと考える方もいらっしゃるかと思いますが、そのときの私の心のなかは、なぜか喜びよりは悲しみが多く湧き上がってきていたことだけは確かなのです。

その理由は私がこの場所でくどくどお話したいとは思いませんが、強いてお話すれば、私も想像していなかった予想外の好記録を出して嬉しかったことも事実でしたが、こうした予想外に記録を打ち立てて元の場所に戻ってきたとき、私の目の前には多くの新聞社の記者たちが来て、感想を話してくれとか、ある人たちはサインを受け取りにいくとか、またカメラを回してもいました。あらゆる周囲の人たちの歓呼は私にはこの上ない光栄であり、喜び以外の何物でもありませんでした。しかし、その多くの群衆のなかで、私は一人も朝鮮語を話す人に接することはありませんでした。私はここで悲しい気持ちになってきたのでした。

（『三千里』第八巻第一号、一九三六年）

これは『三千里』という朝鮮の大衆誌に寄せた孫基禎自身の手記であり、そのときの孫の気持ちが率直に披瀝されている文章と考えていいだろう。

孫基禎の栄光の場所は朝鮮人のいないところであった。孫の綴る文章には怒りはなく、ただあきらめに近い悲しみを感じる。孫が立つ栄光の空間と内面のズレは自分でもコントロールのできない涙へと変わる。

一心不乱に競技へと打ち込み、走り続け、栄光を手にしたが、その空間に溶け込んでいけない自分の存在に気づく。周りを冷静に見てみると、たくさんの報道陣が自分に注目しながらせわしなく動いているのがわかる。そのざわめきのなかからは懐かしい声が聞こえてはこない。差別的な言葉を投げかけられたわけではなく、誰かに野次られたわけでもない、純粋に結果を喜んでくれている人たちのなかにいる。ただそのなかの自分と自分の周りに集まってきてくれている人たちの声が違う。その現実に涙したのだろう。

この空間における出来事を紹介している意義は大きい。自分の背景と結びつくものがいったい何なのか、それを感知し、差異を認識することで、孫自身のその後のアイデンティティと明確につながった瞬間と言えるかもしれないからだ。孫基禎はそれを帝国日本のスポーツイベント開催後の栄光の場所で感じ取っている。

孫はマラソンに秀でた能力を持つがゆえ、もしマラソンを志向するのであれば、その違いが存在する世界、すなわち自己と他者が統合できない世界へ身を置かざるを得なかった。

この手記は、孫自身が自らを語った最初のものである。確認できる史料だと、このときまでに孫が報告したものは一九三二年の『東亜日報』のみである。第一三回全国中等学校駅伝競走大会（東京横浜間）で養正陸上競技部が優勝したときに、その競技の様子を報告する内容である。ゆえに孫の内面が吐露されたものではない。孫基禎はこの記述から自らの経験や思いを語り、自ら発信する立場へと踏み込み始めたといえよう。孫はマラソンの才により朝鮮知識人らと同様に語る側の世界にも足を踏み入れた。孫は語られながら、語る存在になっていく。

マラソンをやめたい

この手記ではもう一点、孫基禎の置かれた立場を理解するために重要な思いを吐露する記述がある。

私はこの場からもう一つ皆さんに一言申し上げねばならないことがあるのですが、私が今回出る（まだ確定していないが）世界オリンピック大会が私にとっては「マラソン」としての最後の舞台、また機会になるということです。私は、繰り返しますと、今回の旅程を帰ってきてから運動－マラソン－を永久にやめてしまう心積もりです。

この言葉をお聞きになる皆さんには、あるいはこれを話して、疑問を抱くでしょうけれども、断固として決意したのです。（同前）

孫基禎はこの時点で、マラソンをやめたいとはっきりと述べている。もしベルリン五輪の代表選手に選ばれたとしても、オリンピックのマラソンを最後の舞台にしたいと考えていた。

その理由の一つとして孫基禎はマラソンでの勝ち負けに幻滅を感じていたという。ただ最も大きな理由は孫の年齢だろう。この手記では孫は自らを二二歳としているが、実際は二三歳であった。二三歳で高等普通学校（普通学校を卒業した一二歳以上の男子に入学資格があり、五年を修業年限としていた）に通う学生であった。母は年老い、将来の自分の暮らしも考えねばならない。実家が裕福なわけではなく、兄に頼り続けることもできない。マラソンやスポーツをいくらがんばっても、暮らしの足しにはならない。当時孫は学生を終えたその先の生きていく道を模索していた。孫の生きてきた現実の生活は、近代が生み出したスポーツの世界とは違うところにあった。どちらの社会環境にも統合できない孫のなかの二重性がここにある。

孫は自分の生活圏にいる人々と自分との間の経済的なギャップを常に感じながら生活をしてきた。とりわけ新義州から京城へとその生活圏を移し、養正高普に入学してからはさらに自分の生活状況と他の学生たちとの環境の違いを感じていた。マラソンでは食っていけない、母を養えない、と、孫が感じるのも無理はなかった。孫はこの手記をこう締めくくっている。

> すでに明年の冬〔夏〕、伯林の舞台を踏むことになっていれば、私はこの機会を最初と同時に最後の機会として、自分の信じる力と精神を尽くして戦ってみます。
> 今からそのときの瞬間瞬間を目に浮かべると心臓の鼓動を感じるばかりです。（同前）

「英雄」は眠る

ベルリン五輪に出場した孫基禎はベルリンの地で表彰台の最も高い場所に立ち英雄となった。帝国日本と朝鮮民族の英雄という二つの意味を持つ「英雄」だった。孫は英雄として生きていく。貧しくても、裕福でも、支配される立場であっても、民族の象徴としてであっても。その後、孫は語られる側と語る側の双方を行き来しながら、帝国日本の時代は帝国日本を象徴する場所に現れ、解放後の世界では民族を象徴する場所に出て人々に讃えられた。

大韓民国の成立後は韓国における陸上競技の指導者としても活躍し、国家の体育・スポーツに貢献した功労者として多くの賞も受賞した。韓国のプライドをかけて開催した国家事業としてのソウル五輪では前章で触れたように最終走者へ、すなわち次世代を担う若者へと聖火をつなぐ役割も果たした。

二〇〇一年一二月、孫基禎は神奈川県川崎市の井田総合病院にいた。その情報を耳にした韓国企業の面々は孫基禎をソウルの三星ソウル病院へと移送する手筈を整え、日本から韓国に孫を迎え入れたという。ここでのやり取りに何があったのかは知らない。ただこのエピソードは韓国を代表する企業の人々が日本で入院する孫基禎の情報に接したときに、韓国で入院できる病院を急いで準備し、故国へと連れ戻したという、経済界の人々が英雄をどのように気にかけていたかのかがわかる事例である。

その後、体調が回復した孫は自身の死期を悟り、自分の眠る場所を気にかけていたという。朝鮮半島が南北に分断されてしまってからは故郷の新義州はもう戻れない場所になっていた。二〇〇二年一一月一五日、孫基禎は九〇年の人生に幕を閉じた。一七日にKOC（大韓オリンピック委員会）葬が営まれた後、亡骸《なきがら》は母校養正高普跡の孫基禎記念公園、ソウル五輪で聖火を手にトラックを駆けた蚕室のオリンピックスタジアムを経由し、大田へと向かった。

孫基禎の死に際して、韓国と日本の新聞各紙はその死を悼んだ。一一月一六日付けの『東亜日報』は「マラソンの英雄、民族の自尊心」と題した社説を掲載するが、最後は次の言葉で締め括っている。

マラソンの英雄は過酷な状況のなかでも絶えず走り続け、限界に挑戦する不屈の意志と独立自強、民族愛の精神を残して旅立った。このような故人の意志を讃えて、故人の意志に続くことが我々に残された課業である。

（『東亜日報』二〇〇二年一一月一六日）

大田顕忠院にて

大田駅から地下鉄に乗り、顕忠院駅で降りて二番出口を出ると、顕忠院に向かうシャトルバスのバス停がある。それほど大きくないシャトルバスに揺られながら一〇分ほど行くと、顕忠院の入口に着く。目の前には左右に三頭ずつの巨大な馬の石像が並び、その間の道路には朝鮮戦争に参戦した連合軍の国々の国旗が並び、向かい側に多数の太極旗がはためいている。それら国旗の間を抜けると案内所があり、少し奥に大韓民国に殉じた人々の墓石が並ぶ。

整然と並んだ墓石を右側に見ながら二〇分ほど緩やかな坂を登っていくと国家社会貢献者の墓所にたどり着く。その区画の小高い斜面の一番高い場所に孫基禎の墓石はある。

夏の日差しを斜面全体が受け止めていた。明るく光る木々の緑と揺れる葉に静かな風を感じた。孫基禎の墓石には太極旗と枯れることのない美しい造花が添えられていた。朴正熙政権時に大韓体育会会長として韓国スポーツ界に貢献し、その後、文教部長官を務めた閔　寛《ミン・グァン》植《シク》の墓石も孫基禎の墓石のすぐ近くに並んでいた。

英雄は大田の国立墓地に眠る。

あとがき

「あの方は幸せな人でした」

孫基禎と親交のあった元『韓国日報』記者の趙《チョ・》東彪《ドンピョ》氏は優しい笑顔で語った。彼にとっても孫基禎はかけがえのない英雄だった。彼もまた植民地朝鮮に生まれ、植民地朝鮮を生きた一人である。質問のすべてに答えてくれる記憶力と流暢な日本語、竹を割ったような性格、韓国のスポーツ界に精通し、朝鮮半島の近現代史のなかのスポーツに対する洞察は凄みを感じざるを得なかった。すべてに圧倒された。

また彼は言った。

「民族とは何だろうね」

その数ヵ月後、趙東彪氏は逝去した。その訃報に接したとき、ショックで深い悲しみにくれた。「また来なさい」、それが最後に交わした言葉だった。

スポーツの本質のひとつに競争がある、とまえがきで述べた。競争の結果、次に何が待っているのか、おそらくそれは何かを「代表」するということである。スポーツにおいてこの根源的な機能を見過ごしてはならない。ゆえに何を「代表」しているのか、その主体は何なのかを問い続ける必要がある。

孫基禎は間違いなく帝国日本の時代を駆け抜けた稀代の英雄である。孫基禎がベルリンを駆け抜けたとき、世界はさまざまな力がひしめきあっていた。その荒れ狂うパワーのなかで孫基禎もかの時代の人々も日常を生きていた。その時代に生きた人々は英雄の姿をみていた。そして、時を経て現在へといたる。

この「現在」にたどりつくまで、私たちの目の前には私たちの認識をつくるたくさんのフィルターがある。その数あるフィルターは何を通して何を通さないのか、私たちが気づくのは難しい。それをほんの少しでも解きほぐしていこうとする作業が歴史を理解することにつながるのではないだろうかと思う。だからといって私にはとても手に負えない困難な作業であることも確かだ。今後も自分のなかにある偏見と先入観を取り除くために一つずつ丁寧に取り組んでいくしかない。

オリンピックで金メダルを獲得すること、これはスポーツという文化を通して成される人間の美しい欲望の現れだと言えよう。ゆえにそこにはたくさんのものが絡まりつく。何が、誰を「英雄」にしているのか、これが根源的に問わねばならない私たちの課題である。

*

本書を執筆するにあたり、多くの方々からのご協力をいただいた。

恩師の神戸大学の木村幹先生には本書に関わる研究についてご指導いただき、多くのヒントを与えていただいた。ここに記して感謝申し上げたい。北海道大学名誉教授の西尾達雄先生、札幌大学名誉教授の李景珉先生、京都大学の高嶋航先生には史料をご提供いただくとともに、本書に関わる研究に多くのご指摘をいただいた。厚くお礼申し上げたい。

ライス大学の清水さゆり先生、北海道大学の韓載香先生には本書に関わる内容を議論いただくとともに史料の読解にお手伝いいただいた。日本大学の石岡丈昇先生には本書の内容についての議論を繰り返し行っていただいた。また新聞資料をご提供いただいた明治大学の兼子歩先生、一人ひとりのお名前を挙げることはできないが、満洲スポーツ研究会の先生方にも感謝申し上げたい。

最後に中公新書編集部の白戸直人氏には感謝の言葉以外みつからない。本書は白戸さんとの共同作業の賜物である。編集作業での鋭いご指摘の数々は身の引き締まる思いにかられるとともに研究者としての未熟さ、一つひとつの事実に無知であることをあらためて思い知った。本当にありがとうございました。

二〇二〇年三月

金　誠

あとがき

主要参考文献

【日本語】

†新聞、雑誌、年鑑、報告書、週報・月報

『京城日報』『東京朝日新聞』『東京日日新聞』『毎日新聞』『読売新聞』
『アスレチックス』『オリムピック』『国民総力』『写真週報』『総動員』『朝鮮』『朝鮮行政』『東洋之光』『特高外事月報』『文教の朝鮮』『緑旗』
『第十回オリムピック大会報告』『第十一回オリムピック大会報告書』『朝鮮事情』『朝鮮年鑑』

†文　献

浅田喬二編『近代日本の軌跡10「帝国」日本とアジア』（吉川弘文館、一九九四年）
伊藤博文他『伊藤公全集』第二巻（伊藤公全集刊行会、一九二七年）
林鍾国　コリア研究所訳『親日派』（御茶の水書房、一九九二年）
大島裕史『日韓キックオフ伝説』（実業之日本社、一九九六年）
大島裕史『コリアンスポーツ〈克日〉戦争』（新潮社、二〇〇八年）
大野裕之『チャップリン暗殺――5・15事件で誰よりも狙われた男』（メディアファクトリー、二〇〇七年）
岡崎茂樹『時代を作る男塩原時三郎』（大澤築地書店、一九四二年）
荻野富士夫『特高警察』（岩波新書、二〇一二年）
小野容照『帝国日本と朝鮮野球』（中公叢書、二〇一七年）
カーター・J・エッカート　小谷まさ代訳『日本帝国の申し子』（草思社、二〇〇四年）

金誠『近代日本・朝鮮とスポーツ――支配と抵抗、そして協力へ』（塙書房、二〇一七年）
鎌田忠良『日章旗とマラソン』（潮出版社、一九八四年）
姜徳相『朝鮮人学徒出陣』（岩波書店、一九九七年）
木村幹『韓国現代史――大統領たちの栄光と蹉跌』（中公新書、二〇〇八年）
木村幹『韓国における「権威主義的」体制の成立――李承晩政権の崩壊まで』（ミネルヴァ書房、二〇〇三年）
熊平源蔵編『朝鮮同胞の光』（熊平商店、一九三四年）
現代韓国研究会編『データBOOKS現代韓国』（社会評論社、一九九〇年）
園山亀蔵『渡欧記』（一九三六年）
孫基禎『ああ月桂冠に涙―孫基禎自伝』（講談社、一九八五年）
高嶋航『帝国日本とスポーツ』（塙書房、二〇一二年）
デイヴィッド・クレイ・ラージ　高儀進訳『ベルリン・オリンピック1936――ナチの競技』（白水社、二〇〇八年）
寺島善一『評伝孫基禎――スポーツは国境を越えて心をつなぐ』（社会評論社、二〇一九年）
西尾達雄『日本植民地下朝鮮における学校体育政策』（明石書店、二〇〇三年）
日本バスケットボール協会『バスケットボールの歩み　日本バスケットボール協会50年史』（日本バスケットボール協会、一九八一年）
日本体育協会編『スポーツ八十年史』（日本体育協会、一九五九年）
日本体育協会編『日本スポーツ百年』（日本体育協会、一九七〇年）
野口源三郎『オリンピックの意義』（東京講演協会、一九三六年）
朴祥美『帝国と戦後の文化政策――舞台の上の日本像』（岩波書店、二〇一七年）
朴世直『ドキュメント　ソウル五輪（上）』（潮出版社、一九九一年）

浜田幸絵『〈東京オリンピック〉の誕生――一九四〇年から二〇二〇年へ』（吉川弘文館、二〇一八年）
平沼亮三『スポーツ生活六十年』（慶應出版社、一九四三年）
藤原健固『ソウル五輪の軌跡』（道和書院、一九八九年）
ブランドン・パーマー　塩谷紘訳『日本統治下朝鮮の戦時動員』（草思社、二〇一四年）
御手洗辰雄編『南次郎』（南次郎伝記刊行会、一九五七年）
宮田節子『朝鮮民衆と「皇民化」政策』（未來社、一九八五年）
森田芳夫『朝鮮に於ける国民総力運動史』（国民総力朝鮮連盟、一九四五年）
安田浩一『「右翼」の戦後史』（講談社現代新書、二〇一八年）
李景珉『増補 朝鮮現代史の岐路』（平凡社選書、二〇〇三年）
李成市・劉傑編著『留学生の早稲田―近代日本の知の接触領域』（早稲田大学出版部、二〇一五年）
リチャード・マンデル　田島直人訳『ナチ・オリンピック』（ベースボール・マガジン社、一九七六年）
和田八千穂他編『朝鮮の回顧』（近澤書店、一九四五年）

【韓国・朝鮮語】
†新聞、雑誌
『東亜日報』『大韓独立新聞』『毎日新報』『釜山日報』『ソウル夕刊』『嶺南日報』『自由新聞』『朝鮮日報』『朝鮮中央日報』『三千里』『新東亜』
†文　献
金成植『抗日韓国学生運動史』（高麗書林、一九七四年）
高麗大学校六十年史編纂委員会『六十年誌』（高麗大学校、一九六五年）
高麗大学校70年誌編纂室『高麗大学校70年誌』（高麗大学校、一九七六年）
대한올림픽위원회편『ＫＯＣ　50年史』（대한올림픽위원회、一九九六年）

大韓体育会編『大韓体育会史』（大韓体育会、一九六五年）
대한체육회편『大韓体育会七十年史』（대한체육회、一九九〇年）
대한체육회편『대한체육회90년사』（대한체육회、二〇一〇年）
東亜日報社『仁村金性洙』（東亜日報社、一九八六年）
東亜日報社『東亜日報社史　巻一』（東亜日報社、一九七五年）
동아일보80년사편찬위원회『민족과　더불어　80년』（동아일보사、二〇〇〇年）
『民族正気의審判』（革新出版社、一九四九年）
想白李相佰評伝出版部編『想白李相佰評伝』（乙酉文化社、一九九六年）
스포츠철학회『체육・스포츠인물사』（도서출판21세기교육사、二〇〇四年）
양정１００년사편찬위원회편『養正百年史』（양정１００년사편찬위원회、二〇〇六年）
李丙権編『養正体育史』（養正体育会、一九八三年）
이태영편『이길용탄생１００주년기념　한국스포츠１００년』（이길용기념사업회、一九九九年）
이학래『한국체육백년사』（한국학술정보、二〇〇一年）
仁村紀念会『仁村金性洙伝』（仁村紀念会、一九七六年）
体育部編『체육한국』（体育部、一九八三年）
친일인명사전편찬위원회『친일인명사전』（친일인명사전편찬위원회、二〇〇九年）
韓国体育百年史編纂会編『韓国体育百年史』（新元文化社、一九八一年）
한국체육기자연맹『일장기말소의거기사　李吉用』（인물연구사、一九九三年）

【英語】

†新　聞

"The New York Times"

文 献

Gwang Ok, *The Transformation of Modern Korean Sport : imperialism, Nationalism*, Globalization, Hollym International Crop.2007

J.A.Mangan,Peter Horton, Tianwei Ren,Gwan Ok, *Japanese Imperialism : Politics and Sport in East Asia*, Palgrave Macmillan, 2018

孫基禎　略年譜

年	月(日)	行政府	年齢	事柄
1912	10月9日	朝鮮総督府	0	朝鮮の平安北道新義州にて生まれる
1921	4月		8	新義州の若竹普通学校入学
1926	10月24日		14	安義対抗陸上競技大会に出場、五〇〇〇メートル（二位）
1928	8月		15	李一成先生の勧めで渡日し、長野県上諏訪町の呉服店に就職
1930	9月8日		17	平安北道陸上競技選手権大会及朝鮮神宮大会予選で五〇〇〇メートルに出場し、優勝
	10月17日		18	第六回朝鮮神宮大会に平安北道代表選手として五〇〇〇メートルに出場、二位
1931	9月20日			平安北道陸上競技選手権大会及朝鮮神宮大会予選で五〇〇〇メートルに出場、優勝
	10月17日		19	第七回朝鮮神宮大会に平安北道代表として出場（五〇〇〇メートル）し、優勝
1932	3月			第二回京永マラソン（高麗陸上競技会主催、東亜日報社後援）に出場（二位）
	4月			養正高等普通学校に入学、第一三回全国中等学校駅伝大会に出場し、優勝
	5月8日			ロサンゼルス五輪朝鮮予選大会に出場、五〇〇〇メートル（一位）一万メートル（二位）

	5月28〜29日	朝鮮総督府		日本でのロサンゼルス五輪最終予選に出場（五〇〇〇メートル、一万メートル）
	10月17〜18日		20	第八回朝鮮神宮大会に出場、五〇〇〇メートル（三位）、一万メートル（二位）
1933	3月			第三回京永マラソンで優勝
	10月		21	第九回朝鮮神宮大会に出場、マラソン（二時間二九分三四秒）で優勝
1934	4月5日			極東五輪朝鮮予選大会に出場、五〇〇〇メートル（一位）
	10月17日		22	第一〇回朝鮮神宮大会に出場、一五〇〇メートル（一位）、マラソン（一位）
1935	5月18日			第三回京水街道マラソン大会に出場、マラソン（一位）
	9月29日			日本陸上選手権朝鮮予選大会に出場、マラソン（一位）
	10月18日		23	第一一回朝鮮神宮大会に出場、マラソン（二位）
	11月3日			第八回明治神宮大会に出場、マラソン（一位）（二時間二六分四二秒）
1936	8月9日			ベルリン五輪のマラソンで優勝、25日に日章旗抹消事件が起きる
1937	1月25日		24	朝日体育賞を受賞
1937	4月			普成専門学校に入学
	9月			明治大学に入学
1938	11月6日		25	国民精神作興体育大会にて矛継走に参加
1939	12月		27	元短距離選手の姜福信と結婚
1940	4月			朝鮮に戻り朝鮮貯蓄銀行に就職
	7月			映画「オリンピア」第一部「民族の祭典」の試写会に参加
	11月3日		28	皇紀二六〇〇年を奉祝する第一一回明治神宮大会の開会式に参加
1943	11月		31	学徒先輩中堅団の一員として咸鏡北道を訪れる

1944	5月			妻・姜福信が永眠（享年29）
1945	10月27日	在朝鮮アメリカ陸軍司令部軍政庁	33	ソウル運動場で開催された自由解放慶祝総合競技大会で旗手を務める
1946	8月9日			権泰夏、金恩培、南昇龍らとマラソン普及会を組織
	8月20日			マラソン制覇記念一〇周年記念式典が徳寿宮で催される
	10月9日		34	ハングル頒布記念式英陵駅伝奉審会の最終ランナーを務める
1947	4月19日			第五一回ボストンマラソンで徐潤福が二時間二五分三九秒で優勝
1948	7月	大韓民国		ロンドン五輪に陸上競技のトレーナーとして参加
1950	4月		37	第五四回ボストンマラソンに監督・コーチとして帯同、咸基鎔が優勝
1951			38	朝鮮紡績株式会社　常務理事就任
1952	7月19日〜8月13日		39	ヘルシンキ五輪に役員として参加
1956	9月		43	豊国製粉株式会社　代表取締役就任
1959	12月		47	大韓体育会四〇周年記念で体育有功者表彰を受ける
	〃			李相佰（功労賞）らとともにソウル新聞社体育賞（指導賞）を受賞
1963	9月5日		50	大韓陸上競技連盟会長に選任される
1964	3月7日		51	KOC（大韓オリンピック委員会）委員に選任される
1966	12月9日〜20日		54	バンコクで開催された第五回アジア競技大会に韓国選手団長として参加
1968			56	国際陸上競技連盟（IAAF）より功労賞を受賞
1970	7月		57	大韓民国国民勲章を受賞
	8月15日			朴永禄議員がベルリンで国籍回復事件を起こす
1973			61	関釜フェリー株式会社理事に就任

1975	1月	大韓民国	62	体育終身年金受給者となる（毎月一〇万ウォン）
1978			66	東洋実業販売株式会社社会長に就任
1981	9月30日		68	ドイツのバーデンバーデンに五輪誘致使節団として出席、ソウル五輪誘致決定
1982			70	国際陸上競技連盟（IAAF）創立七〇周年特別記念賞を受賞
1984	7月		71	ロサンゼルス五輪の聖火ランナーとして同市のコリアンタウンを走る
1985	2月		72	自伝『ああ月桂冠に涙』が講談社より出版される
1988	9月17日		75	ソウル五輪の開会式で聖火ランナーを務める
2002	11月15日		90	永眠、その後、国家社会貢献者として大田の顕忠院に埋葬される

金 誠（きん・まこと，キム・ソン）

1974年兵庫県生まれ．神戸大学大学院国際協力研究科博士後期課程単位取得退学．博士（学術）．2007年より札幌大学専任講師，准教授を経て，17年より札幌大学地域共創学群教授．専攻はスポーツ史・朝鮮近代史．
著書『近代日本・朝鮮とスポーツ――支配と抵抗，そして協力へ』（塙書房，2017年）
共著『スポーツの世界史』（一色出版 2018年）
『平成時代の日韓関係――楽観から悲観への三〇年』（ミネルヴァ書房，2020年）など

孫基禎《ソンギジョン》
―帝国《ていこく》日本《にほん》の朝鮮人《ちょうせんじん》メダリスト
中公新書 *2600*

2020年7月25日発行

著 者 金 誠
発行者 松田陽三

本文印刷 三晃印刷
カバー印刷 大熊整美堂
製 本 小泉製本

発行所 中央公論新社
〒100-8152
東京都千代田区大手町 1-7-1
電話 販売 03-5299-1730
編集 03-5299-1830
URL http://www.chuko.co.jp/

Published by CHUOKORON-SHINSHA, INC.
Printed in Japan ISBN978-4-12-102600-2 C1223

中公新書

現代史

f3

- 2590 人類と病　詫摩佳代
- 2451 トラクターの世界史　藤原辰史
- 2368 第一次世界大戦史　飯倉　章
- 27 ワイマル共和国　林　健太郎
- 478 アドルフ・ヒトラー　村瀬興雄
- 2553 ヒトラーの時代　池内　紀
- 2272 ヒトラー演説　高田博行
- 1943 ホロコースト　芝　健介
- 2349 ヒトラーに抵抗した人々　對馬達雄
- 2448 闘う文豪とナチス・ドイツ　池内　紀
- 2329 ナチスの戦争 1918-1949　R・ベッセル　大山　晶訳
- 2313 ニュルンベルク裁判　A・ヴァインケ　板橋拓己訳
- 2266 アデナウアー　板橋拓己
- 2274 スターリン　横手慎二
- 530 チャーチル（増補版）　河合秀和

- 2578 エリザベス女王　君塚直隆
- 1415 フランス現代史　渡邊啓貴
- 2356 イタリア現代史　伊藤　武
- 2221 バチカン近現代史　松本佐保
- 2538 アジア近現代史　岩崎育夫
- 2586 東アジアの論理　岡本隆司
- 2437 中国ナショナリズム　小野寺史郎
- 2034 感染症の中国史　飯島　渉
- 1959 韓国現代史　木村　幹
- 2262 先進国・韓国の憂鬱　大西　裕
- 1763 アジア冷戦史　下斗米伸夫
- 1876 インドネシア　水本達也
- 2596 インドネシア大虐殺　倉沢愛子
- 2143 経済大国インドネシア　佐藤百合
- 1596 ベトナム戦争　松岡　完
- 2330 チェ・ゲバラ　伊高浩昭
- 1664 1665 アメリカの20世紀（上下）　有賀夏紀

- 1920 ケネディ―「神話」と実像　土田　宏
- 2140 レーガン　村田晃嗣
- 2383 ビル・クリントン　西川　賢
- 2527 大統領とハリウッド　村田晃嗣
- 2479 スポーツ国家アメリカ　鈴木　透
- 2540 食の実験場アメリカ　鈴木　透
- 2504 アメリカとヨーロッパ　渡邊啓貴
- 2381 ユダヤとアメリカ　立山良司
- 2415 トルコ現代史　今井宏平
- 2163 人種とスポーツ　川島浩平
- 2600 孫基禎《ソン・ギジョン》―帝国日本の朝鮮人メダリスト　金　誠